BASTEI
LÜBBE

Über die beiden Sturmspitzen:

Julia Möhn ist Redakteurin bei der *Für Sie*. Davor hat sie acht Jahre lang als Sportjournalistin gearbeitet. Und natürlich ist sie Fußballfan, eine Frau und umgeben von fußballbegeisterten Männern (und Frauen).

Harald Braun ist ein Mann. Und nicht nur ein großer Fußballfan, sondern auch selbst aktiv für mehr oder weniger prominente Vereine. Und arbeitet als stellvertretender Chefredakteur bei der *Allegra*. Umgeben von Frauen.

Harald Braun/Julia Möhn

ERSATZBANK KNIGGE

Der Fußball-Survivalführer für FRAUEN

Mit einem Vorwort von
Simone Buchholz

BASTEI LÜBBE

BASTEI LÜBBE TASCHENBUCH
Band 60537

1. Auflage: Mai 2004

Originalausgabe

Bastei Lübbe Taschenbücher ist ein Imprint
der Verlagsgruppe Lübbe

Umschlaggestaltung: Gisela Kullowatz
Titelbild: Brita Sönnichsen für Allegra
Satz: Textverarbeitung Garbe, Köln
Druck und Verarbeitung: GGP Media, Pößneck
Printed in Germany
ISBN 3-404-60537-3

Inhaltsverzeichnis

Vorwort **9**
von Simone Buchholz

Seitenwahl **13**

Vorspiel **17**

1. Halbzeit:
Wissen ist Macht! **37**

Erster Teil:
Das sollten Sie über Männer wissen,
die Fußball schauen **39**

Die kleine Typologie der
Fußball-Gucker **39**
Der Choleriker – Der Provokateur – Der Sabbler –
Der Schweiger – Der Trainer – Der Abzocker –
Der Intellektuelle – Der Opportunist – Der Organisator –
Der Trinker

Zweiter Teil:
Dating Rules! Das sollten Sie über Männer wissen, die sich während der EM mit Ihnen verabreden 63

Dritter Teil:
Das sollten Sie schon selbst wissen, bevor Sie mit Jungs Fußball schauen 75

Große Irrtümer, die Frauen vermeiden sollten 75

10 Situationen, wie Sie die Fußball-EM erleben können 84

10 Sätze, die Sie auf jeden Fall vermeiden sollten! 105

10 Sätze, die eigentlich immer gehen! 108

2. Halbzeit:
Noch mehr Wissen im Spiel 111

Die Mannschaften 113

Gruppe A 113
Portugal, Spanien, Griechenland, Russland

Gruppe B 121
England, Schweiz, Frankreich, Kroatien

Gruppe C 131
Dänemark, Italien, Schweden, Bulgarien

Gruppe D 141
Lettland, Tschechische Republik, Niederlande, Deutschland

Die deutschen Spieler 151

Was dürfen wir voraussetzen? 183

Das EM-Rätsel für Frauen – 25 Fragen zu heiteren Themen aus der großen, bunten Fußballwelt 185

Auflösung 192

Auswertung 204

Die Ecke für die Kulturfreundin 207

Die besten Fußballfilme 209

Die besten Fußballbücher 215

Die besten Fußballlieder 221

Die 10 originellsten Fußballerfrisuren 227

Pressekonferenz 229

Dumme Fragen 231

Was bedeutet eigentlich 231
... die Säge? – ... Schiedsrichterball? – ... Handgeld? –
... Leo? – ... Stockfehler? – ... Syndesmoseband? –
... Viererkette? – ... Silver Goal? – ... Lagerkoller? –
... Hintermann?

Und wer oder was ist eigentlich dieser/s 250
... Blatter und sein Kollege Johannsson? –
... Kanzler? – ... Beckenbauer? – ... Völler? –
... Breitner? – ... Nelling? – ... Prinzip Brehme? –
... Mayer-Vorfelder? – ... Holzschuh?

Nachspielzeit 263
Abpfiff!!!

Vorwort

von Simone Buchholz

Sie halten ein Buch über Fußball in Ihren Händen. Falls Sie es sich selbst gekauft haben, weil Sie sich für Fußball interessieren, brauchen Sie dieses Vorwort hier nicht und können sich direkt vertrauensvoll in die Hände von Julia Möhn und Harald Braun begeben. Die beiden werden Ihnen mit viel Liebe zum Detail alles darüber erklären, was Sie wissen möchten und unter Umständen in den nächsten Wochen wissen *sollten*. Falls Sie das Buch geschenkt bekommen haben und sich mit großen, staunenden Augen fragen, warum eigentlich und wieso zum Teufel Sie sich mit diesem Thema auseinander setzen sollten, bitte ich Sie, mir einen Moment zuzuhören. Denn wir reden hier nicht über ein blödes Ballspiel. Wir reden über ein ganz großes Gefühl. Ein Fußball-Event wie eine Welt- oder Europameisterschaft ist wie großes Kino, und das meint weit mehr, als dass man nie weiß, wie es am Ende ausgeht. Das Spiel. Und der Spaß in Ihrem Sozialleben drumherum ... Fußball ist das ganze Leben auf ein paar Metern, eindringlich, aufregend, ergreifend und verschwitzt. Und Fußball ist nicht nur für Jungs. Ich meine, es ist Ihre Entscheidung, ob Sie das Spiel oder Ihre männlichen Freunde verstehen wollen. Und es wäre falsch zu glauben, dass es Sie nichts angeht. Nehmen Sie zum Beispiel mich.

Es fing an, als ich acht Jahre alt war. Meine Eltern und ich lebten in einem Haus in einem winzigen Dorf, wo außer mir nur sieben andere Kinder waren, alles Jungs, die den ganzen Tag auf einem Bolzplatz verbrachten. Und ich hatte die Wahl zwischen Mitkicken und Einsamkeit. Sie stellten mich ins Tor. Jeder, der auf dem Platz nicht so gut ist, muss immer da rein. Zwischen den anderen beiden Pfosten stand der dicke Uli. Das alles war nicht besonders schön, aber ich glaube inzwischen, dass in dieser Zeit ein Boden bereitet wurde. Auf dem die Tränen wachsen konnten, die ich seitdem im Hamburger Millerntorstadion vergieße. Und das mit dem Millerntorstadion, das kam so: Ich zog vor sieben Jahren in die Hafenstadt an der Elbe, und auch hier lernte ich irgendwann Jungs kennen. Ich spreche bewusst von Jungs, denn es geht hier um Bälle, und da werden Männer nun mal sofort zu Jungs. Die Jungs hatten eines Tages eine Karte zu viel. Der FC St. Pauli gegen eine andere Mannschaft aus der 2. Bundesliga. Gegen wen da gespielt wurde, hab ich vergessen, aber das interessiert mich ehrlich gesagt bis heute noch nicht besonders, es sei denn, es geht gegen den HSV oder Bayern München. Ich weiß auch nicht mehr, warum ich eigentlich mit ins Stadion ging, es war kalt und es regnete. Aber irgendwas zog. Es kann sein, dass es anfangs nur die Lautstärke war. Ich mag das Leben, wenn es laut ist. Und ich war schon ab und zu am Stadion vorbeigegangen, wenn gespielt wurde, und das war *richtig* laut. Also stand ich schließlich in der Südkurve, zwischen all den Jungs von

5 bis 75. Und es geschah ein Wunder: Stück für Stück begann ich das Geheimnis Mann zu entschlüsseln. Denn beim Fußball legen die Jungs ihre Masken ab. Da zeigen alle, wie es ihnen geht. Die auf dem Platz und die auf den Rängen. Es gibt die ganze Gefühlspalette zu sehen: Liebe und Hass, Freude und Trauer, Wut und Verzweiflung, 90 Minuten lang, für nicht mal zehn Euro. Ich fand das sehr aufschlussreich, und es folgten ein paar Jahre des Lernens. Ich lernte, wann, wie und wo Männer weinen oder jubeln, und ich lernte die Regeln dieses Spiels, das ich mal mehr und mal weniger spannend fand. Nebenbei genoss ich den Lärm, das Schreien und Singen, das Vibrieren, wenn 20 000 Menschen sich über ein Tor freuen. Und ich lernte, dass dieses Gefühl auch in Kneipen, auf Terrassen oder in kleinen Wohnzimmern zu generieren ist – es müssen nur die richtigen Leute zusammenkommen, wenn ein Fußballspiel im Fernsehen läuft. Schon prickelt das Leben und fühlt sich für ein paar Stunden ganz leicht an.

Und dann, eines Abends, setzte es noch einen drauf, das Leben: Ich verliebte mich in einen Fußballer. Immer noch auf der Suche nach Informationen und Emotionen, wurde ich plötzlich aus erster Hand beliefert. Es war, als hätte jemand ein Fenster aufgestoßen: Ich begriff. Der Kampf war in meinem Leben nie ein Thema gewesen, irgendwie war alles immer ganz leicht gelaufen. Jetzt saß mir plötzlich jemand gegenüber, der mit blitzenden Augen und glühenden Wangen von Siegen und Niederlagen erzählte. Der mir haarklein sowohl das Strahlen als auch den Schmerz beschreiben konnte, den er in jeder einzelnen Faser seines Körpers und seiner Seele spürt, wenn er auf dem Platz steht. Die Verliebtheit hat sich inzwischen erledigt. Geblieben ist die Liebe zu meinem Verein. Ich liebe den FC St. Pauli, wie ich einen Mann lieben würde: bedingungslos, leidenschaftlich, dramatisch, und ich bin jedes Mal ganz aufgeregt, bevor wir uns treffen. Ich würde alles für meine Mannschaft tun, und sie gegen jeden verteidigen. Wenn sie verlieren, ist mein Wochenende gelaufen, weil ich ihre traurigen Augen nach dem Abpfiff nicht vergessen kann. Und wenn sie gewinnen, ist in meinem Herzen die Hölle los. Und jetzt begeben Sie sich bitte vertrauensvoll in die Hände von Julia Möhn und Harald Braun. Die beiden werden Ihnen mit viel Liebe zum Detail alles erklären, was Sie wissen müssen, wenn Sie Deutschland in den nächsten vier Wochen, Ihren Freund und Fußball im Allgemeinen verstehen möchten. Sie fragen sich, ob die beiden dafür die Richtigen sind? Sind Sie. Ich habe Sie im Stadion beobachtet.

Simone Buchholz, 31, lebt in Hamburg als freie Autorin und Mitglied des Journalistenbüros »Viererkette«. Sie veröffentlichte Der Trick ist, zu atmen *bei KiWi und ist im Besitz einer Dauerkarte vom FC St. Pauli.*

Seitenwahl

»Frauen verstehen Fußball nicht. Sie verstehen ihn zutiefst nicht.«
Thomas Brussig: *Leben bis Männer*

Es gibt eine Menge Vorurteile und Klischees. Wir stellen mal wahllos zur Auswahl: Es regnet nie in Kalifornien, Rothaarigen steht Rosa nicht, Frauen interessieren sich nicht für Fußball. Und während Revolutionäre, Modedesigner oder der Klimawechsel alle vermeintlich in Stein gemeißelten Urteile vom Sockel gehauen haben, steht immer noch das Denkmal mit der Frau, die Fußball furchtbar findet.

Erstaunlicherweise hat daran weder die deutsche Nationalmannschaft der Frauen etwas ändern können noch die gut 850 000 anderen Frauen, die in Deutschland Fußball spielen. Irgendwie können Männer eher akzeptieren oder ignorieren, dass einige Frauen Fußball spielen, als dass sich viele Frauen für ihr Heiligtum interessieren. Schließlich haben sie die Regeln dafür aufgestellt, wie das bitte sehr auszusehen hat, wenn man sich für Fußball interessiert: nämlich von Geburt an Spielpaarungen und Spielernamen verschlingen und abspeichern, mit sechs

Jahren klar die Karriere als Nationalspieler vor sich haben, mit zwölf dann auf Sportreporter als Berufsziel umsteigen, mit vierzehn anfangen, regelmäßig Bundesligaspiele zu besuchen, und ab diesem Zeitpunkt ist klar, was man am Wochenende macht.

Natürlich gibt es einige Spielarten dieser Sozialisation (etwa die jener Männer, die wirklich Nationalspieler oder Sportreporter werden, oder die jener, die irgendwann wieder aufhören), aber der gemeine deutsche Mann ist so. Er mag alles mitgemacht haben, was so auf dem Erziehungsplan der letzten 20 Jahre stand: Abwaschen, das Wort »Elternzeit« nicht für eine Ratgebersendung in der ARD halten, sich für Unterhosen-Mode interessieren und vielleicht sogar mal tanzen gehen, aber beim Thema Fußball hört es auf. Da sind die Reihen fest geschlossen, und Intoleranz steht auf ihren Fahnen.

Frauen kommen in der abgeriegelten Welt Fußball konsumierender deutscher Männer nur in Gestalt von Spielerfrauen vor, oder aber als äußerst misstrauisch beäugte Gestalten, die eine exotische Genmutation dazu gebracht haben muss, sich auch für diesen Sport zu interessieren. Oder eben als störende Wesen, die das ganze Vergnügen innerhalb weniger Sekunden mit unqualifizierten Bemerkungen versauen können.

Wir wüssten sehr gern, inwieweit sich dieses Gehabe deutscher Männer auch auf jene Länder übertragen lässt, in denen nicht Fußball der Nationalsport Nr. 1 ist. Rastet ein Lette komplett aus, wenn eine Lettin fragt, wie noch mal der Kapitän der lettischen Basketballmannschaft heißt? Dreht ein Inder durch, wenn eine Inderin sich nach dem Punktestand des Cricket-Matches erkundigt?

So richtig schwierig ist es natürlich nicht, eine Erklärung für dieses Verhalten zu finden: Fußball ist nun mal eines der wenigen Gebiete, in denen Männer tatsächlich gut ohne Frauen zurechtkommen. Jedenfalls, sobald sie es geschafft haben, sich ihre Schuhe selbst zu binden (gut, das kann manchmal dauern). Danach aber steht ihnen die Fußballwelt offen: mit eigenen Helden, mit eigenen Ritualen, mit der Freiheit, ohne ernsthafte Konsequenzen gemein und widerlich sein zu dürfen. Mit gruppendynamisch legitimierten Alkoholexzessen. Und sie werden sogar angehimmelt, wenn sie einigermaßen gerade gegen den Ball treten können, zwar von Geschlechtsgenossen, aber egal. Diese Welt ist wie ein Reservat, an das Generationen von Männern »Betreten verboten«-Schilder für Frauen genagelt haben.

Wir wollen nicht so tun, als sei dies ein Problem derselben Kategorie wie die allgemeine Ungerechtigkeit der Welt, das Bruttoinlandsprodukt der dritten Welt oder die Überalterung der Gesellschaft. Natürlich gibt es Frauen, die sich weder für Fußball noch für Fußballer, noch für Männer interessieren, die dem Fußball verfallen sind. Und es gibt Frauen, die meist auf recht komplizierten Wegen ihren Platz im Fußballkosmos gefunden haben. Als da wären: Reporterinnen, Pressesprecherinnen, Fanklubgründerinnen und »normale« weibliche Fußballfans. Denn heute gehen mehr Frauen in Fußballstadien als jemals zuvor in der Geschichte dieses Sports.

Darüber hinaus gibt es die große schweigende weibliche Mehrheit. Das sind diejenigen, die sich manchmal amüsieren und öfter ärgern über das Gehabe, das ihr Partner veranstaltet, wenn 22 schlecht voneinander zu unterscheidende Männer einem Ball hinterherlaufen. Die vielleicht sogar manchmal gern mitschauen würden, wenn ihnen nicht der Eindruck vermittelt würde, sie seien ungefähr so erwünscht wie eine Stechmückenplage. Die einige der kurz behosten Herren da im Fernsehen eigentlich ganz niedlich finden. Die keine Lust haben, sich durch *Kicker*-Sonderhefte zu arbeiten und trotzdem Spaß bei einer Fußballübertragung hätten (und zwar nicht in der Küche). Die sich ernsthaft fragen, was nur während einer Europameisterschaft mit ihrem sonst ganz umgänglichen Mann passiert. Für all diese Frauen ist dieses Buch.

Vorspiel

Du-hu, darf ich mal kurz was fragen?
Oder: So sollten Sie gar nicht erst anfangen …
Wie die Fußball-EM für Sie laufen könnte, wenn Sie keine Ahnung haben, aber trotzdem dabei sein wollen. Wie Sie innerhalb von vier Wochen eine Menge Zeit, Freunde und Selbstbewusstsein einbüßen können …

15. Juni 2004, 15.20 Uhr, Gartenterrasse, irgendwo in Deutschland

In etwas mehr als zwei Stunden wird das erste Spiel der deutschen Mannschaft angepfiffen. Wolf-Christian hat einige seiner Freunde zu sich nach Hause eingeladen. Er rechnet mit ungefähr 20 Gästen. So ganz genau kann er das natürlich noch nicht sagen, denn er hat den Jungs erlaubt, gute Freunde mitzubringen. Und ihre Sozialpartnerinnen.

Das findet Wolf-Christian zwar verzichtbar, aber andererseits gehört er ja nicht zu den Holzköpfen, für die Fußball immer noch ausschließlich Männersache ist.

Und die Frauen sind ja schließlich sogar Weltmeister geworden …

»Sieht trotzdem nicht nach Fußball aus, was die spielen«, denkt Wolf-Christian, würde das allerdings nicht laut sagen. Dass die frisch gebackenen Weltmeisterinnen allerdings gegen die B-Jugend des VfB Stuttgart mit 0:3 verloren haben, könnte er gleich mal in die Runde werfen. Wenn überhaupt Frauen kommen … Er holt die Gartenbänke hervor, rückt zwei Biertische nebeneinander und stellt schon einmal ein paar Pappbecher auf die Tische. Soll ja immer noch Menschen geben, die nicht aus der Flasche trinken wollen.

15.45 Uhr
In Ihrem Schlafzimmer

Sie stehen vor dem Spiegel und probieren T-Shirts an. Sie können sich nicht entscheiden zwischen einem Exemplar auf dem »Ich bin zwanzig!« steht und einem orangefarbenen Werbeshirt der Firma Zwieback, ohne weitere Botschaft. Zum kurzen Rock und den schwarzen Flip-Flops passt das Zwieback-Shirt besser. Sie treffen eine diesbezügliche Entscheidung.

»Silke! Kommst du dann mal?«

(Das Schicksal hat es vielleicht in vielerlei Hinsicht gut mit Ihnen gemeint, aber Sie heißen nun mal Silke, das ist nicht zu leugnen.)

»Bin sofort fertig. Gleich.«

Schritte auf dem Flur, dann steht Carsten im Zimmer.

»Wir müssen los, ich hab Wolf-Christian versprochen, ein bisschen eher da zu sein, wir müssen den Fernseher noch runtertragen.«

»Ja-haaa! Bin ja fertig. Wann fängt dieses blöde Spiel denn an?«

Carsten seufzt. Carsten ist Ihr Freund. Ein netter junger Mann, geduldig, in Maßen kulturell interessiert, nicht unbedingt das, was man eine schlechte Wahl nennen müsste.

»Du *musst* ja nicht mitkommen, ist ja nicht so, als ob du dich sonst so brennend für Fußball interessieren würdest …«

Carsten empfindet Sie an diesem Tag als soziales Sicherheitsrisiko, das sollten Sie wissen. Er hat Freunde, gute Freunde, die ihn mögen und wertschätzen. Er wird geachtet für seinen gesunden Menschenverstand und ein authentisches Interesse am Fußballsport, und er weiß noch nicht, ob dieser Status durch Sie an diesem Tag gefährdet sein wird.

»Also, wann?«

»In zwei Stunden, mach hin.«

»Da ist doch noch ewig Zeit, warum nervst du denn jetzt schon?«

»Ich wollte da nicht auf den letzten Drücker einlaufen, wir müssen den …«

»Ja ja, das habe ich schon verstanden, den Fernseher müsst ihr Jungs noch runtertragen … Sag mal, könnt ihr nicht oben im Wohnzimmer schauen und wir Mädchen sitzen im Garten und bewachen den Grill?« Sie schauen Ihren Freund Carsten erwartungsfreudig an.

Dem fallen aber fast die Augen aus dem Kopf. Sie erkennen gleich, dass dieser Vorschlag keine große Freude auslöst …

»Sag mal, spinnst du jetzt total? Wir gehen da heute nicht auf ein Barbecue«, antwortet Carsten, bereits etwas angeschlagen von so viel Ignoranz, »wir würden gern Deutschland gegen Holland sehen, das ist die Hauptsache. Da kommen bestimmt 50 Leute, Jungs, und ich denke, du und Anne, ihr werdet die einzigen Frauen sein. Würde eine sehr einsame Angelegenheit im Garten …« Er klingt, als ob dieser Mangel an weiteren weiblichen Gästen ihn nicht sonderlich wurmt.

»Bist du denn jetzt so weit?«

»Natürlich, schon lange, *ich* warte nur auf dich.«

Sie werfen noch einen letzten Blick in den Spiegel, nehmen Ihr Mandarina-Duck-Täschchen und versuchen vergeblich, eine Plastiktröte dort unterzubringen.

»Was willst du denn damit?«, fragt Carsten mit deutlich irritiertem Unterton.

»Stimmung machen, ich dachte, wir gucken uns ein Fußballspiel an?«

»Leg das Ding weg, Silke, mach dich nicht lächerlich. Echt jetzt – kein Mensch bläst auf einer Kindertrompete rum, während er ein Spiel im Fernsehen anschaut.«

»Ach nein? Ich dachte …«

»Nein. Ganz sicher, ein ganz deutliches Nein! Macht keiner.«

»Okay, schon gut. Lass ich sie halt hier.«

Carsten schaut seine Freundin stirnrunzelnd an.

Woher kommt dieses plötzliche Interesse am Fußball? Warum gerade jetzt? Nie hat Silke auch nur den Versuch unternommen, mit ihm ins Stadion zu gehen oder *Die Sportschau* im Fernsehen anzuschauen, nie. Und jetzt hat sie vermutlich in der *Gala* gelesen, dass sich neuerdings auch Frauen ganz doll auf die Europameisterschaft freuen. So als geschlechtsübergreifendes Gemeinschaftserlebnis. Ein weiteres unhörbares Stöhnen.

»Können wir dann?«

Carsten schaut hoch.

»Ja, klar. ICH warte hier doch schon ewig.«

Sie nehmen ihn in den Arm, küssen ihn kurz auf die Wange und schieben sich schon fast aus der Tür, da tönt es plötzlich laut, sehr laut: »ABER DAS WIRST DU DOCH NICHT ANLASSEN, ODER?«

Sie drehen sich konsterniert um. Carstens Mund steht nun offen, der Mann ist augenscheinlich fassungslos. So eifersüchtig kennen Sie ihn sonst gar nicht.

»Findest du ihn zu kurz?« Sie betrachten nachdenklich Ihren Rock.

»Ach, quatsch, der Rock ist okay. DAS T-SHIRT …« Ihn verlassen die Worte.

»Was ist damit?« Sie sind jetzt ernsthaft erschrocken. Was könnte das für ein Problem sein?

»Es ist orange!!!«

Sie blicken Ihren Freund an, als ob er einem baldigen Klinikaufenthalt entgegensieht.

»Ohne Zweifel, Schatz, das hast du sehr schön erkannt. Es ist orange! UND???«

»Du trägst ein orangefarbenes T-Shirt, und wir spielen gegen Holland!«

Sie schauen nun noch eine Spur ratloser aus der Wäsche. Sie sagen nichts. Sie begreifen auch nichts.

»Na, die Holländer«, übernimmt nun wieder Carsten die Gesprächsführung, »die haben doch orangefarbene Trikots. Immer schon. Und auch die ganzen Fans. So kannst du nicht mitgehen … das geht gar nicht … das ist … untragbar!«

Sie lachen. Ihr Freund macht nur Spaß, sonst ist alles in Ordnung.

»Ach, DAS! Ist doch nicht so schlimm. Auf meinem T-Shirt steht Zwieback, das können deine Freunde schon unterscheiden …«

»Das ist eine Provokation, DAS ist es«, widerspricht Carsten. »Kannst du nicht einfach ein anderes anziehen? Dieses, auf dem steht, dass Frauen in die Küche gehören, beispielsweise?«

»Du bist ja so komisch, mein Lieber!«, antworten Sie und sind jetzt schon ein bisschen trotzig. »Ich glaube nicht, dass ich mich auf diese blöde Diskussion einlassen muss. Ich trage dieses T-Shirt, das zufällig die gleiche Farbe hat wie die Trikots einer Fußballmannschaft aus Holland. Und jetzt gehen wir, okay?«

Carsten winkt ab. Er kennt Sie inzwischen lange genug. Es ist hoffnungslos …

16.45 Uhr
Hauseingang, dann Gartenterrasse, irgendwo in Deutschland

»Ja, ganz toll, super Silke, stell ihn doch einfach zu den Chips.«

Sie schauen diesen Typen konsterniert an. Der Typ hat einen Namen, er heißt Olli, und er ist einer von Wolf-Christians besten Freunden. Entscheidend in diesem Moment aber ist, dass er ÜBERHAUPT keinen Sinn für Humor hat. Sie haben diesen orange-schwarz-weißen Kuchen für über 12 Euro in einer Konditorei erstanden, obwohl sie doch auf dem Weg hierhin eigentlich nur ein paar süße Hefestücke kaufen wollten. Ein Themenkuchen! Deutschland gegen Holland, orange gegen schwarz-weiß. HALLO?! Kriegt hier denn niemand mehr was mit? Zu den Chips stellen ...? Na toll.

Carsten rollt mit den Augen. Er spricht seit ein paar Minuten nur das Nötigste. Dafür starrt er Ihr T-Shirt an wie etwas, wovon er Hautkrankheiten bekommen wird. Carsten hat ein Sixpack mitgebracht, Dortmunder Aktienbrauerei. Das Bier wird begrüßt wie ein naher Verwandter, der von einer langen Reise zurückgekehrt ist.

»Will jemand was von meinem Kuchen?«, fragen Sie in die Runde, die bereits aus 15 bis 20 Menschen besteht. Sie sind nicht die einzige Frau, drei oder vier halbwegs bekannte Gesichter drängeln sich in einer Ecke zusammen.

»Später vielleicht ...« Wolf-Christian winkt vage ab, stellvertretend für alle anderen Anwesenden, die sich bereits locker formiert um den Großbildschirm versammeln.

»Aha!«, wenden Sie sich an Ihren Freund, »DEN hat ja offenbar schon jemand runtergetragen. Da hätten wir uns ja gar nicht so beeilen müssen!«

Carsten antwortet nicht. Er sieht aus, als ob er die Luft anhalten würde. Das tut er auch.

»Hey Silke!«, ruft da Pit, »wusste gar nicht, dass du die holländische Staatsbürgerschaft besitzt!«

Pit ist einer von Carstens drei besten Freunden. Carsten sackt zusammen, als ob ihn eine Gewehrkugel getroffen hätte.

»Keine Panik, Pit«, antworten Sie schlagfertig, »das ist bloß ein farbliches Accessoire, ich kollaboriere nicht mit dem Feind!«

»Ein modisches Statement in orange?«, meldet sich da Frieder von hinten links. »Was für ein Zufall. Da will offenbar jemand besonders witzig sein …«

»Halt die Backen, Frieder, sie weiß es einfach nicht besser.« Carsten winkt ab.

Na großartig, so sieht es also aus, wenn Ihr Freund Sie in der Öffentlichkeit verteidigt.

»Nur mal blöd gefragt: Würdest du die Christmette im Petersdom auch mit dem Koran in der Hand besuchen, weil er besser zu deinem *Outfit* passt?«

»Mensch, Frieder, das ist erstens völlig unsachlich und zweitens *wirklich* blöd gefragt«, antwortet wieder Carsten, und diesmal fahren Sie ihm besser gleich über den Mund, bevor er in der Runde fortan *jede* Frage an Sie beantwortet.

»Es ist bloß ein T-Shirt, Frieder!«, meckern Sie den erschrockenen Fußballfreund laut, sehr laut an. »Es ist keine Brandbombe!« Sie atmen tief durch und registrieren einen Blick von Carsten, in dem in Großbuchstaben »Hab's ja gewusst« zu lesen ist. Entnervt verlassen Sie diese spannende Begrüßungsszene und gehen zum »Büffet«, welches hauptsächlich aus Chips und gekauftem Nudelsalat besteht. Dort legen Sie Ihren Kuchen ab.

Sie nehmen sich vor, einfach nie wieder an ihn zu denken.

»Ey Alter, guck mal, die Holländerbraut legt uns einen vergifteten Kuchen neben die guten Chips!« Zwei Jungs in »Börti«-T-Shirts lachen und hauen ihre Pranken gegeneinander. Die beiden sind echt witzig, und bevor Sie sich wortlos weggedreht haben, um nach einem guten Platz vor der Glotze Ausschau zu halten, rufen sie Ihnen bereits reumütig hinterher: »Ey, Gouda-Gudrun, datt war doch nicht so gemeint, wir hauen den schon weg!« Darüber freuen Sie sich dann wirklich sehr.

17.20 Uhr
Gartenterrasse, irgendwo in Deutschland

Ungefähr 40 Leute drängeln sich um den Grill und halten ihr Pressfleisch kurz an die Flammen. Die Bänke vor dem Fernseher sind erst spärlich gefüllt, auf dem Bildschirm sieht man ein halbleeres Stadion und immer wieder schlecht gekleidete Männer, die Jungs in Sporthosen interviewen. Sie setzen sich auf einen Stuhl in der zweiten Reihe.

»Äh … hallo?«

Sie drehen sich zu dem freundlichen jungen Mann um, der sich zu Ihnen setzen will. Carsten ist nicht zu sehen.

»Ja?« Sie lächeln freundlich.

»Äh …du … wie war dein Name noch mal?«

»Silke, ich bin die Freundin von …«

»Ja ja, hallo Silke, du, versteh das jetzt nicht falsch, ich will ja nicht unhöflich sein, aber …«

»Jaaa?«

»… Du sitzt da auf unserem Platz!«

»Was?« Sie sind einen Moment nicht ganz sicher, ob der kleine dicke Mann das jetzt wirklich gesagt hat. Sie drücken auf Ihre interne Repeat-Taste, und es wird Ihnen bestätigt: Er HAT es gesagt.

»Du bist ja witzig, da hättest du aber dein Handtuch über den Stuhl hängen sollen, du weißt doch, auf Mallorca machen das selbst die Engländer mittlerweile so!« Sie lachen, vielleicht ist das ja alles nur ein Spaß.

Der kleine dicke Mann sieht das anscheinend geringfügig anders. Sein Tonfall ist zwar tendenziell defensiv, irgendwie leidend, aber in der Sache bleibt der Mops deutlich.

»Du, wir sitzen da immer. Der Jörg, der Bubi, Matze und ich. Schon drei Mal! Immer in der zweiten Reihe, Bubi und Jörg auf der Bank, außen auf den Stühlen dann der Matze und ich!«

Sie schauen noch etwas blöder als Waldi Hartmann nach den ersten drei Weißbier.

»Das glaub ich jetzt nicht!«

»Doch, isso«, murmelt der Mops, »kannst du den Wolf-Christian fragen, schon drei Mal! Ist wichtig, echt.«

»Und wieso wäre das jetzt ein Problem, wenn ICH statt dem MATZE auf diesem Stuhl sitzen bliebe? Und der Matze holt sich so ein eigenes Stühlchen und setzt sich rechts neben mich?«

»Nee, das geht nicht«, erkennt der Mops reflexartig. »Das ist eine Art Aberglaube. Das muss so. Die Spiele gehen dann richtig aus, weißt du?« Mops wimmert schon beinahe. Er ist wild entschlossen, seinen Aberglauben und die alten Rechte an seinem Sitzplatz einzufordern, aber er hat augenscheinlich keine große Erfahrung im offensiven Disput mit einer Frau. Sie schauen sich jetzt ostentativ gelangweilt um, fest entschlossen, diesen Irren nicht weiter zu beachten. Zum Glück kommt auch gerade Wolf-Christian des Wegs, dem Sie ohnehin noch für die Einladung danken wollen. Doch noch bevor Sie dazu kommen, hat Wolf-Christian Ihr T-Shirt entdeckt:

»Hey, da ist ja auch Frau Antje, soll ich dir noch ein paar passende Holzklotschen besorgen? Ich glaube, im Gewächshaus steht noch ein Paar rum!« Vor Vergnügen über seinen gelungenen Witz kichert Wolf-Christian leise vor sich hin.

»Ach, lustig, Wolfi, du bist heute der Erste, dem mein T-Shirt gefällt!«, antworten Sie etwas zu schnippisch, doch ohne jeden Effekt.

»Das ist, weil ich als Gastgeber verpflichtet bin, höflich zu bleiben«, antwortet er charmant, »aber du weißt schon, dass du da nicht sitzen bleiben kannst. Da sitzen immer Jörg, Bubi, der Beutel und ...«

»Ja ja ich weiß schon, der Matze ...!« Gleich hyperventilieren Sie. Sind denn hier alle verrückt geworden?

»Geh doch rüber zu den Mädels, ist doch viel netter!«, schlägt Wolf-Christian vor.

Auch der Mops, der offenbar Beutel genannt wird, hält das für eine gute Idee. Wie ein Mahnmal an eine verlorene Schlacht steht er immer noch wortlos, aber sehr empört, neben dem Stuhl, auf dem Sie sitzen, und entscheidet sich nun, Wolf-Christian in allen Punkten Recht zu geben, mit der gebotenen Begeisterung: »Genau!«

Sie blicken sich um, schauen *nach den Mädels*, und ja, sie stehen immer noch zusammen in der Ecke, wo sie schon zu Beginn dieser Veranstaltung von Ihnen registriert worden sind. Anne und noch vier weitere verschüchterte Gestalten in kurzen Röcken. Das Bild kommt Ihnen vage bekannt vor, es erinnert Sie an ein Rudel dünner Antilopen, die von Löwen eingekreist worden sind. Dahin werden SIE sicher nicht gehen!

»Ich kenn die doch gar nicht!«, maulen Sie Wolf-Christian an, und nun ist es an ihm, ungläubig zu schauen.

»Spielt doch keine Rolle beim Fußballgucken!? Hauptsache ihr ... äh ... Mädchen seid zusammen!«

18.10 Uhr
Gartenterrasse, irgendwo in Deutschland

»Spielt Matthäus gar nicht mehr mit?«

»?!?!?!!!...«

»Carsten, sag doch mal!«

»Nein, NEIN, Matthäus spielt nicht mehr mit. Schon ein paar Jahre nicht mehr. Und bevor du fragst: Netzer, Beckenbauer und Paul Breitner spielen auch nicht mehr mit.«

»Das wusste ich doch, die sind doch viel zu alt.«

»Ach. Und Matthäus?«

»Der ist noch nicht so alt, ich habe gerade erst wieder ein Bild von ihm gesehen. In der *Gala* glaube ich. Der hat eine Serbin geheiratet, wusstest du das? Die sieht sogar noch sehr gut aus!«

»Na ja, vermutlich versteht die nicht, was er sagt!«

Carsten wirkt leicht genervt. Die Sache mit dem T-Shirt hat ihn wohl ein bisschen mitgenommen. Und dass er Sie auf die Bitte des Gastgebers mit sanfter Gewalt von einem bereits besetzten Stuhl bitten musste, hat seine Laune auch nicht verbessert. Er musste Ihnen versprechen, Sie nicht mit »den Mädels« allein zu lassen und hat sich mit ihnen in die vorletzte Reihe gesetzt, rechts außen.

»Guckt mal, Carsten sitzt an der holländischen Grenze!«, hat Frieder gerufen, kurz vor dem Anstoß des Spiels, als für solche Späße noch Zeit war, und sofort haben alle gelacht und auf Kommando einen albernen Schlachtruf skandiert: »Käseküsser, Käseküsser – hopphopphopp!« Carsten hat säuerlich gegrinst, aber zumindest darauf verzichtet, Ihr T-Shirt ein weiteres Mal hasserfüllt zu mustern. Das rechnen Sie ihm hoch an. Sie fühlen sich auf dieser Terrasse inzwischen ungefähr so gut aufgehoben wie ein Schnitzel unter Veganern, doch Sie halten entschlossen die Stellung.

»Wie steht's eigentlich?«

»Ist schon ein Tor gefallen?«, fragt Carsten zurück.

»Nöö, hab keins gesehen.«

»Dann muss es wohl null zu null stehen, was meinst du?«

»Ich wollt's ja nur mal von dir hören!«, antworten Sie und schauen Ihren Sozialpartner liebevoll an. Vielleicht wartet er ja nur darauf, sich mit Ihnen versöhnen zu können.

Plötzlich schreit Ihr Freund auf, und mit ihm etwa 25 andere Jungs auf der Terrasse, nur die Mädels bleiben ruhig sitzen, wo sie sitzen, und schauen etwas verstört. Was ist passiert?

»Den muss er doch machen, dieser Vollfriseur«, schreit Ihr Freund und stößt in schneller Folge Flüche aus. »Wozu wird dieser *Wichser* denn bezahlt?«

Aus der nun einsetzenden Debatte unter Spezialisten und Freunden des Fußballsports lernen Sie nun in Windeseile eine ganze Menge über einen Spieler der deutschen Nationalmannschaft mit dem Namen Ramelow. Dass er erblindet sein müsse, nicht auf einen Fußballplatz gehöre, dass man wisse, wo sein Auto stehe, und hoffe, er würde sich binnen der nächsten drei Minuten beide Beine brechen.

Sie verstehen das alles nicht.

»Was hat denn dieser arme Ramelkoff, oder wie der heißt, verbrochen? Ich finde, der sieht ganz nett aus!«

Sie haben das in eine kurze Phase der Ruhe und Besinnung hineingesprochen, JEDER der anwesenden Gäste hat Ihre menschenfreundliche Bemerkung gehört. Carsten stöhnt peinerfüllt auf. 25 Köpfe drehen sich zu Ihnen um. Ein paar lachen, doch die Mienen der meisten Männer sprechen ein eindeutiges Urteil: Silke, die Freundin von Carsten, dem armen Schwein: total hirntot!

»Kannst du nicht mal fünf Minuten deine Klappe halten?«, raunt Ihnen nun Carsten zu, und wendet sich dann mit pochender Halsschlagader und mahlenden Kieferknochen wieder dem Geschehen auf dem Bildschirm zu. 15 Minuten vergehen wortlos, wenn man davon absieht, dass Carsten immer wieder einmal Spieler der eigenen Mannschaft anpöbelt. Komisch, denken Sie, er will doch eigentlich, dass Deutschland gewinnt – warum schreit er dann immer seine eigenen Spieler an? Allerdings sind das nur marginale Gedanken, die Sie in diesem Moment umtreiben. Viel mehr beschäftigt Sie der Umstand, dass Carsten Ihnen vor 15 Minuten den Mund verboten hat, zum ersten Mal nach einem Jahr Beziehung. Sind Sie jetzt schon so weit, beginnt nun die schleichende Entfremdung? Sie beschließen, darüber zu sprechen. Jetzt. Kurzfristig beschleicht Sie eine Ahnung, dass der Zeitpunkt nicht glücklich gewählt sein könnte. Aber andererseits: Was raus muss, muss raus.

»Du, Carsten?«

»Ja.« Ein gebrummtes Ja, kein interessiertes.

»Schon gut.«

Schweigen.

»Willst du gar nicht wissen, was ich hab!?«

»Doch, doch.«

Er hört gar nicht zu.

»Deine Mutter schläft mit meinem Vater!«

»Hmm. Schön.«

Sie grinsen, gegen Ihren Willen. Schade, dass Sie kein Tape dabei haben.

»Was hast du gesagt?« Carsten erwacht kurz aus seiner Fußballstarre.

»Nichts, schon gut.«

Er schaut sie irritiert an, aber nur kurz, dann wieder auf den Bildschirm. Sie werden langsam sauer. Der Typ kriegt ja überhaupt nichts mit. Und verbietet Ihnen den Mund. So läuft das nicht.

»Du, Carsten, wir müssen mal reden!«

»Was? Reden. JETZT? Ich bitte dich, hat das nicht Zeit bis heute Abend?«

»Nein, hat es nicht.«

»Ach Silke, nerv jetzt nicht, echt nicht!«

Carsten steht auf und holt sich ein Bier aus der Küche. Er kehrt nicht an seinen Platz zurück, sondern bleibt bei Olli stehen, der sich immer noch am Grill zu schaffen macht und von dort aus beobachtet, wie die deutsche Mannschaft Anstalten macht, auch mal in die gegnerische Hälfte zu gelangen. Meistens vergeblich.

18.45 Uhr
Badezimmer eines Einfamilienhauses in einer schöneren Wohnsiedlung, irgendwo in Deutschland

»Das sieht nicht gut aus, was?«

»Wer?«

»Na, das Spiel!« Gunter, der Freund von Anne, lacht Silke an. »Wir schwimmen. Die Holländer werden uns in der zweiten Halbzeit endgültig platt machen. Denk an meine Worte. Van Nistelrooy – Tor!«

Sie lächeln höflich.

»Ich werde auf den Mann aufpassen!«, antworten Sie und hoffen, nicht schon wieder was Blödes gesagt zu haben. Das ist offenbar nicht der Fall, Gunter wendet sich ab, Sie greifen nach der Badezimmertür, doch im letzten Moment wieselt der Beutel dazwischen.

»Nur mal kurz, dauert ja nicht so lange wie bei euch!«, murmelt er im Vorbeigehen, und bevor Sie realisiert haben, was der fiese, kleine Mops nun schon wieder gesagt hat, ist die Tür bereits zu.

»Setz dich wenigstens hin, du Erdferkel«, rufen Sie dem Mops noch hinterher, doch der verzichtet auf verbale Reaktionen. Hinter Ihnen warten inzwischen noch ein paar Jungs auf ihre Halbzeit-Pinkelpause.

»Hey, Gouda-Gudrun, das ist 'ne Latrine nur für deutsche Fans, Holländerinnen müssen in den Garten, das kennt ihr doch sicher von zu Hause?« Wieder klatschen sich die beiden Jungs ab, etwas, was sie anscheinend auf MTV eine Spur zu häufig gesehen haben.

»Werdet erwachsen, ihr Spacken«, bleiben Sie reserviert und höflich, doch die Meute grölt hemmungslos beifällig.

»Kein Wunder, dass die so schlechte Laune hat, die steht ja sogar auf Ramelow!«

»Ihr seid mir echt zu blöd«, sagen Sie und entscheiden sich für einen geordneten Rückzug. Pinkeln können Sie hier sowieso nicht in Ruhe.

19.40
Gartenterrasse, irgendwo in Deutschland

Tor! TOR! Da ist es, meine Damen und Herren, und machen wir uns nichts vor: Das Tor der Holländer ist vollkommen verdient, war längst überfällig. Und der Torschütze der Oranje-Hemden heißt Van Nistelrooy!«

Ölig reportiert ein Reporter einer öffentlich-rechtlichen Rundfunkanstalt die Ereignisse im fernen Portugal. In einem bundesdeutschen Garten entweicht aus einer Gruppe von Fußballfans kollektiv die Luft wie aus einem angestochenen Reifen. Beinahe alle Anwesenden rutschen tief in ihren Stuhl beziehungsweise beinahe von ihren Bänken herunter, die Enttäuschung ist groß. Nur Sie schrecken wie elektrisiert auf. Van Nistelrooy! Genau wie Gunter gesagt hat. Sie suchen seinen Blick in der Menge, und als er darauf nicht reagiert, sondern sich wie alle anderen schmerzerfüllt auf seinem Stuhl wälzt, rufen Sie:

»Gunter! Gun-TER!«

Gunter hört Sie. Er schaut auf und zu Ihnen hinüber.

»Wie du gesagt hast!«, brüllen Sie eine Spur zu laut, erfreut, auch mal was echt Sachverständiges anbringen zu können, und dann recken Sie beide Daumen in Gunters Richtung, als ob Sie Schumi und Gunter das RTL-Publikum wären. Leider verfehlt diese Geste echter Kennerschaft die gewünschte Wirkung.

»Halt die Backen, du Tulpentussi« oder »Geh doch, wo du wohnst!«, sind noch die eher harmloseren Bemerkungen der schlechten Verlierer in diesem Garten, auch Gunter dreht sich beschämt zur Seite. Soo hat er das doch gar nicht gemeint. Seine Freunde schauen ihn zweifelnd von der Seite an, doch Gunter steht nicht im Verdacht, ein Vaterlandsverräter zu sein. Aber die Tussi da im orangefarbenen Hemdchen, diese ahnungslose Provokation im kurzen Rock mit ihrem blöden Kuchen, die hat schon den ganzen Nachmittag genervt.

Dann ist das Spiel zu Ende. Sie sagen: »Da hat wohl der Bessere gewonnen, was?«, weil das auch gerade ein Reporter über seine spitzen Lippen gebracht hat, und das ist auch der Moment, in dem Carsten endlich wieder mit Ihnen spricht.

»Silke, wir gehen jetzt. Und bitte sei dir darüber im Klaren, dass ich NIE WIEDER ein Fußballspiel mit dir zusammen anschauen werde!«

Sie sind nicht wirklich bestürzt, nur ein wenig verwundert.

»Ach, das ist schon okay, so schlecht war das Spiel doch gar nicht. Und dieser Van Nisteldings sieht ja wirklich klasse aus!«

SO, UND WENN SIE NICHT DIE SILKE 2004 WERDEN WOLLEN, DANN LERNEN SIE DAS FOLGENDE BUCH LIEBER AUSWENDIG. WIR WOLLEN NUR IHR BESTES!

1. Halbzeit
Wissen ist Macht!

Erster Teil:

Das sollten Sie über Männer wissen, die Fußball schauen

Die kleine Typologie der Fußball-Gucker ...

Eine Horde Männer, die sich ein Fußballspiel anschaut ... Was soll daran schon so geheimnisvoll sein? Doch Vorsicht, Falle: Die scheinbar so homogene Gruppe, die Umpffhh-Laute artikuliert und Bier konsumiert, besteht aus sehr, sehr unterschiedlichen Charakteren, die gerade noch das Grundinteresse am Spiel als solchem verbindet. Doch das Ausmaß des Interesses, sein Ursprung sowie die individuellen Kommunikationsformen und Eigenheiten sind vielfältig und für den Laien oft nur sehr schwer nachzuvollziehen. Aus diesem Grund stellen wir Ihnen im folgenden Abschnitt die häufigsten »Fußballgucker-Typen« vor. Wir unterscheiden 10 verschiedene Grundtypen. Und wenn Sie demnächst in trauter Runde beisammensitzen, um Deutschland gegen Holland anzuschauen, dann wünschen wir viel Spaß beim diskreten Praxischeck ...

Der Choleriker
Der Provokateur

Der Sabbler
Der Schweiger
Der Trainer
Der Abzocker
Der Intellektuelle
Der Opportunist
Der Organisator
Der Trinker

Der Choleriker

Wir nehmen einfach mal an, dass Sie nicht zu den zart besaiteten Damen gehören, die zumindest mental im Kloster erzogen wurden und bei jedem Schimpfwort panisch nach ihrem Rosenkranz suchen. Wir nehmen das deshalb an, weil Sie sich ja offenbar ein Fußballspiel anschauen wollen. Und es einfach verdammt anstrengend wäre, zwischen erster und neunzigster Minute permanent zu beten. Sie werden da Synchronisationsprobleme bekommen. Wir setzen eher voraus, dass Sie durchaus nichts gegen ein gepflegtes »Wichser« einzuwenden haben, wenn dafür der richtige Ort und die richtige Zeit gekommen sind. Dann werden Sie mit dem Choleriker viel Spaß haben. Zuerst, weil er Ihren aktiven Schimpfwortschatz um einiges erweitern wird. Sie werden sich wundern, was man alles mit dem schönen englischen Wort »Fucking« kombinieren kann. Gestartet wird bei »Fucking Hell«, rüber zu »Fucking Schiedsrichter«, »Fucking Trainer« und »Fucking Torwart«, Schluss ist erst bei »Fucking Rasen«, »Fucking Ball« oder dem schlichten »Fucking,

Fucking, Fucking«. Sie werden auch erleben, dass es völlig egal ist, ob man in einer Wohnung, einem öffentlichen Platz oder im Stadion Fußball sieht. Direkte, harte Beschimpfungen gehen immer und überall. »Du kleiner …«, »Du mieses …«, »Du unfähiger …«, »Du nichtsnutziges Stück …« Stören Sie diese Wortgewalt bitte nicht mit Fragen wie »Meinst du, die hören dich?«, wenn er gerade wie ein Kampfhund den Fernseher ankläfft und Sie um Ihren Ruf in der eigentlich harmonischen Hausgemeinschaft fürchten. Seine Ratio nimmt nämlich gerade Urlaub. Gleiches gilt für die besser tonlos gestellte Frage: »Meinst du denn, die sehen dich?« Er fühlt sich einfach besser, wenn er aufspringen kann. Es soll Männer geben, die nur deshalb im Stadion von Stehrängen auf die teureren Sitzplätze wechseln, damit es sie bei dramatischen Szenen von den Stühlen reißen kann. Also: Räumen Sie ihm viel Platz ein, setzen Sie ihn nicht zu nahe vor den Fernseher, und alles, was Sie an Vasen, Gläsern, Porzellan besitzen, hat in seiner Nähe nichts zu suchen. Er wird Ihnen zeigen, dass schlechte Gefühle sich durchaus auch gegen befreundete Parteien richten dürfen. Denn er wird mit derselben Leidenschaft seine wie die gegnerische Mannschaft beschimpfen. »Dem brech ich alle Knochen« und »Den habe ich schon immer gehasst« oder auch »Den bring ich um« sind nicht wirklich böse gemeint, auch wenn Sie gerade alle Horrorfilme Revue passieren lassen und überlegen, ob Sie ihn eher in *Shining* oder als irrer Bernhardiner in *Cujo* besetzen würden.

Aller Wahrscheinlichkeit nach wird der Choleriker ohne seine Freundin zum gemeinschaftlichen Fußballgucken kommen. Die hat sich dafür entschieden, lieber ausschließlich den Mann zu kennen, der nett zu Tieren und Kindern ist und bei *Vom Winde verweht* an den gleichen Stellen weint wie sie. Vielleicht war sie sogar ein oder zwei Mal mit beim Fußball, bei so was Harmlosem wie einem Freundschaftsspiel oder einem sinnlosen Benefizkick. Hat ihn komplett alle Nerven verlieren sehen, hat festgestellt, dass es egal war, dass sie da war, und ist seitdem zu Hause geblieben. In den seltensten Fällen ist der Choleriker auch außerhalb des Spiels unberechenbar. Das Spiel hat ihn erst so werden lassen, und er kann sich nach den 90 Minuten oft selbst nicht erklären, warum er dem Linksaußen die Pest und dem Torhüter die Cholera gewünscht hat. Dabei ist es nur seine Methode, sich gegen Enttäuschungen abzusichern. Je stärker er brüllt, desto eher hat er das Gefühl, der ganzen irrsinnigen Mixtur von nicht gegebenen Elfmetern, ungerechtfertigten Roten Karten, unfassbar blinden Stürmern etc. nicht hilflos ausgeliefert zu sein. Schließlich unternimmt er was dagegen. Verbal. Auch Sie sollten in ihm nur den 90-Minuten-Irren sehen. Der kommt wieder runter. Dann wird er mit Ihnen das Geschirr zusammenfegen. Und sich brav verabschieden.

Welche Mannschaft er mag

Solche, die wie er zwischen Genie und Wahnsinn schwanken. Also: England in den besten Tagen, Tschechien.

Welche Mannschaft er nicht mag

Langweilige, bei denen klar ist, was passieren wird. Also: Schweden, Italien.

Der Provokateur

Man trifft ihn ebenso häufig bei einem harmlosen Video- wie auch bei netten Spieleabenden: einen Menschen, der nach kurzer Witterung darüber, woher allgemein der Wind weht, konsequent und ohne wirklichen Grund die oppositionelle Rolle einnimmt. Spielt, sagen wir, David Beckham gegen Lettland groß auf, schießt zwei Tore selbst und bereitet drei vor, überschlägt sich der Reporter und schwärmen die anwesenden Experten über seine Schusstechnik und sein gutes Auge, freuen sich die anwesenden Frauen laut oder leise über diese Mischung aus Coolness und Brillanz, dann sagt der Provokateur: »Beckham wird ja meiner Meinung nach vollkommen überschätzt – das erste Tor war eine verunglückte Flanke, das zweite hätte mein kleiner Neffe auch gemacht.«

Uns interessiert hier nicht die Psychodynamik eines solchen Verhaltens (sollte es sich um Ihren Partner handeln, muss Sie das natürlich schon interessieren), sondern nur die praktische Seite. Ist ein gruppendynamisch vollzogener Rauswurf nicht opportun, weil man ihn noch braucht oder ihm verpflichtet ist, gibt es zwei Strategien. Die erste: ihn ignorieren. Das kann die Sache allerdings auch schlimmer machen, und in diesem Fall muss er doch raus. Bei den meisten Typen führt Nichtachtung aber zum allmählichen Versiegen der schmähenden, provozierenden und nervenden Äußerungen.

Der zweite Weg: mit ihm diskutieren. Das spielt ihm natürlich in die Hände, kann aber zu amüsanten Scharmützeln führen. Ist der Erregungspegel sowieso hoch, kann es auch explosiv werden; das Risiko – geworfene

Nahrungsmittel, gefährdetes Mobiliar – trägt dann allerdings nicht nur der Provokateur selbst, sondern auch der Gastgeber.

Wir müssen hier kurz auf einen Sonderfall der Provokation zu sprechen kommen: Einige Männer wollen Deutschland nicht gewinnen sehen, sondern lieber richtig schön gedemütigt. Diese Männer schwärmen von vergangenen Partien gegen Bulgarien und gegen Kroatien, als genau das geschehen ist; alternativ sprechen sie von anderen Turnieren, als deutsche Mannschaften mit extrem unansehnlichem Fußball sehr weit gekommen sind. Da die Frage, ob es sich bei diesem Verhalten um eine besondere Spielart von nationalem Selbsthass handelt, hier zu weit führen würde, müssen Sie nur zwei Dinge beachten. Erstens: Diese Männer haben Recht, sofern es um die Deutschen bei Welt- und Europameisterschaften geht; Widerspruch wäre ein Zeichen von Inkompetenz. Zweitens: Vorausschauende Gastgeber vermeiden es, notorische Deutschland-Fans und -hasser gemeinsam einzuladen, denn diese Konstellation ist rettungslos und kann langjährige Freundschaften ruinieren. Hier gilt es, vorher unauffällig Erkundigungen einzuholen.

Verwechseln Sie übrigens bloß nicht den Provokateur mit einem echten Überzeugungstäter. Den erkennt man schnell daran, dass er seine Positionen nicht beliebig wechselt und dass er es sehr ernst meint. Beckham wird überschätzt, entsprechende Äußerungen müssen also nicht bloße Provokation oder nicht eingestandene Eifersucht sein. Den Überzeugungstäter lässt man am besten in Ruhe überzeugt sein.

Welche Mannschaft er mag

Die, die kaum ein anderer mag, also etwa Kroatien, Bulgarien.

Welche Mannschaft er nicht mag

Mit ziemlicher Sicherheit Deutschland.

Der Sabbler

Als Sat1 noch die Übertragungsrechte für die Fußballbundesliga besaß, gab es die hübsche Tradition, am letzten Spieltag der Saison nach *ran* den Film *Fußball ist unser Leben* zu zeigen. Es geht um vier Männer eines Fanklubs aus Gelsenkirchen, die Schalke so verfallen sind, dass der eine Haus und Hof verwettet, sie alle gemeinsam den Mittelstürmer entführen und sich auch ansonsten sehr konform zum Thema »Was Fußball mit einem machen kann« verhalten. Irgendwann muss leider Fanklubmitglied Bernie feststellen, dass Fanklubmitglied Mike seine Freundin poppt. Und nutzt die Situation zum Befreiungsschlag. Der ganze Fußballscheiß hätte ihn eh nie interessiert, aber ohne Schalke würde man ja nie Freunde in Gelsenkirchen finden. Freunde seien sie ja wohl nicht, da könne er auch endlich aufhören, diese blau-weiße Hysterie zu heucheln.

Klar ist Bernie eine Filmfigur, aber mit Millionen real existierender Vorbilder in diesem Land. Es gibt sie, die Männer, die qua Geburt oder qua sozialem Umfeld gar nicht drum herum kommen, sich für Fußball zu interessieren. Und es nicht die Bohne tun. Wie besiegt man diesen Fall von gesellschaftlich erzwungener Schizophrenie? Einen möglichen Lösungsansatz repräsentiert der Sabbler: Man geht hin – und redet über was anderes. Bei den Nationalhymnen über die neue Lieblings-CD, bei den Mannschaftsaufstellungen über den neuen Chef, und beim Anpfiff über die Pizza, die man gleich bestellen will.

Perfektioniert hat der Sabbler den ins Leere gerichteten Monolog: »Boah, hab ich gestern gesoffen«, die sinnlose Frage: »Was machen wir denn danach?« und das Beifall heischende Kompliment: »Alter, du hast gestern aber auch gesoffen.«

Machen Sie bitte nicht den Fehler, Augenkontakt mit dem Sabbler aufzunehmen und in ihm einen Bruder im Geiste zu sehen. Dass die anwesenden Herren ihn in seiner Jämmerlichkeit akzeptieren, heißt nicht, dass für Sie dieselben Spielregeln gelten. Mag sein, dass alle ein dunkles Geheimnis teilen oder dass der Typ einfach nur die beste Playstation, das beste Auto oder den geilsten Job hat. Sicher ist: Ein Exemplar dieser Spezies erträgt die Männerrunde durch jahrelang perfektioniertes konzentriertes Weghören. Bei zwei Sabblern jedoch wird es langsam gefährlich. Also: nur einen in die Gruppe aufnehmen und durch abfällige Blicke signalisieren, dass dieser Typ gerade auf dem besten Weg ist, den wunderbaren Fußballgenuss zu ruinieren. Noch besser: ihn in die Küche schicken und ihm die Zubereitung des Salats überlassen. Der Dank aller wird Ihnen sicher sein.

Welche Mannschaften er mag

Wie gesagt, er interessiert sich nicht für Fußball. Also: im Zweifelsfall für die Mannschaft, die seine Schuhmarke trägt.

Welche Mannschaften er nicht mag
Die, die eine andere Schuhmarke trägt.

Der Schweiger

Vielleicht haben Sie schon den Allgemeinplatz gehört, Fußball sei der Gottesdienst des kleinen Mannes. Oder auch: Fußballarenen seien die Kathedralen des 21. Jahrhunderts. Beides recht dämliche Vergleiche. Selbst der Hardcore-Fan hat Momente, in denen er seine Lieblinge verachtet. Skandierungen wie »Jesus raus« haben Sie sicher noch nicht in einer Kirche gehört. Und schön sind Fußballstadien meist nur im Auge des Betrachters. Von fehlenden Glasfenstern mal ganz zu schweigen. Der Einzige, der diesen Vergleich verinnerlicht hat, ist der Schweiger. Für ihn ist Fußball eine sehr, sehr ernste Angelegenheit, keine, über die man Scherze reißen darf, keine, die man besingen oder bejubeln könnte. Fußball ist sein Universum, sein Mantra, sein Lebensinhalt.

Der Schweiger weiß mehr über den Sport als alle anderen Anwesenden, das macht es ihm so schwer, überhaupt mit anderen Menschen Fußball zu sehen. Welches Körperteil zerrte sich Michael Ballack im letzten Jahr der A-Jugend? Wo hatte die brasilianische Mannschaft ihr Trainingslager 1950? Welcher Schiedsrichter pfiff das DFB-Pokalfinale 1979? All dieses Wissen sammelt der Schweiger tief in seinem Inneren. Und ist überzeugt davon, dass es mal wichtig sein könnte, um ein Spiel zu beurteilen. Um es »zu lesen«, wie er sagt. Er denkt, dass man, wenn man nur alles über die Spieler, die Trainer, den Rasen, die Zuschauer und das Stadion weiß, ein Fußballspiel berechnen kann wie eine dieser monströsen Mathematik-Aufgaben aus der Oberstufe. Und das macht er dann auch. Kommt früh, drückt Ihnen vielleicht noch eine Flasche Wein in die Hand – höflich ist er nämlich –, Sie denken noch: Na, das ist aber ein Netter, und schon sitzt er vor dem Fernseher und schweigt. In seinem Kopf rasseln die Zahlenkolumnen herunter wie in *Matrix*, kämpfen »Relevanz der Trikotfarben« gegen »Elfmeterschützen der letzten zehn Jahre«, liefern sich »Seitenwahl« und »Körpergröße der Torhüter« erbitterte Gefechte. Was gibt den Ausschlag? Was entscheidet das Spiel? Er ist sicher, dass er es wissen könnte, wenn er sich nur ein bisschen mehr anstrengen würde, wenn er nur keine Variable außer Acht lässt. Sie denken nur: Warum sagt der Mann denn nichts?

Aber der Schweiger ist kein Missionar, für die Weitergabe seines Wissens hat er gar keine Zeit, jeder Satz eines Mitzuschauers (»Spiel doch mal ab!«) ist für ihn von so äußerst verachtenswerter Profanität, dass sich ihm der Magen zusammenzieht. Am liebsten würde er allein vor dem Fernseher sitzen, am liebsten auch allein im Stadion, nur er und das Spiel.

Falls Sie es mal – durch merkwürdige Umstände – in seine Wohnung schaffen sollten, werden Sie Folgendes finden: quasi als Back-up alle *Kicker*-Sonderhefte, WM-Bücher, selbst beklebte Videoaufnahmen und massenhaft kleine schwarze Schulhefte mit eigenen Aufzeichnungen. So eine Europameisterschaft ist für den Schweiger eine große Belastung. Klar hat er Urlaub genommen und freut sich auf neue Paarungen und neue

Variablen. Andererseits stößt seine interne Festplatte an ihre Grenzen, wollen Tag für Tag Informationen wahrgenommen und verarbeitet werden. Und dazu kommen noch diese ganzen fremden Menschen, die vorgeben, sich plötzlich auch für Fußball zu interessieren. Nur er weiß, dass das alles Scharlatane sind, Unwissende, Frevler. Tun wenigstens Sie ihm den Gefallen und lassen ihn in Ruhe.

Welche Mannschaften er mag

Solche, deren Fans seine Leidenschaft für Statistik teilen: zum Beispiel England.

Welche Mannschaften er nicht mag

Solche, die sich einfach nicht berechnen lassen: Also: Lettland, Dänemark.

Der Trainer

Der Trainer wird durch zwei grundverschiedene Typen repräsentiert: Der eine ist wirklich Trainer, der andere nicht.

Der Trainer-Trainer wird als Heiligkeit in seinem Freundeskreis verehrt. Schließlich hat er mal einen Oberligaspieler trainiert, der nur ganz knapp bei einem Probetraining eines Zweitligisten gescheitert ist. (»Der lief nicht rund an dem Tag, bei mir dann wieder: einwandfrei«). Im Moment betreut er die C-Jugend, natürlich mit einer Mischung aus modernsten Taktikerkenntnissen und gesunder Härte (sein Lieblingszitat aus dem *Wunder von Bern* ist exemplarisch: »Deutsche Jungs weinen nicht«). Gern besucht er mit anderen Trainern zusammen DFB-Fortbildungen und am Wochenende mit seinem DFB-Schiedsrichterausweis Bundesligaspiele. Er trägt nichts anderes als die vom lokalen Heizungsmonteur gesponserte Trainingsjacke (gern in XXL, weil es mit der eigenen sportlichen Verfassung nicht so weit her ist) und besitzt Unmengen von Fußball-Motto-Krawattenklammern. Zudem bekleidet er ein unterrangiges Funktionärsamt beim jeweiligen Landesfußballverband, etwa: Beisitzer der Schiedsrichterkommission oder stellvertretender Jugendwart. Bei einem gemeinsamen Fußballabend wird er sich nicht ungefragt in den Vordergrund spielen. Schließlich weiß er, dass die anderen bald um sein Geheimwissen betteln werden. Wie er damals den Rudi mal ganz knapp auf so einer DFB-Tagung verpasst hat und dass er sich ja auf derselben Tagung dafür mit dem Bruder von Kahns Jugendtrainer unterhalten hat. Der Kahn sei auch damals schon so gewesen. Und wo wir nur um Himmels willen heute ohne diese ganzen beidfüßig geschulten Osttalente stünden. Einziges Problem: Wenn der Trainer (natürlich nennt ihn sein Freundeskreis auch »Trainer«) angefangen hat zu reden, wird er nicht mehr aufhören. Dann muss man notgedrungen den Raum wechseln. Oder ihn mit einer Motto-Krawattennadel bestechen.

Der Nicht-Trainer ist wesentlich häufiger in gemeinsamen Fußballrunden vertreten. Er hat eine eher wechselhafte, um nicht zu sagen grottenschlechte Fußballerkarriere hinter sich, meist gestoppt von einer schicksalhaften Verletzung in der B-Jugend (»Das Knie, das heilte einfach nicht mehr. Wie beim Bäron[1].«) Seitdem – und das kann auch gern schon mal 30 Jahre her sein – verfolgt er alle Profispieler mit dem unbändigen Hass des Nichterwählten. Seine Sätze beginnen mit »Wenn ich da was zu sagen hätte ...« und enden aller Wahrscheinlichkeit nach mit »... dann würde ich die alle rausschmeißen.« Variationen: »... würde ich die alle umhauen«, »... würde ich Angst und Schrecken verbreiten«.

Der Nicht-Trainer ist Anhänger eines extrem destruktiven Spiels, »Schönspieler« ist seine schlimmste Beleidigung, je mehr Verletzte, desto besser. Dann ist er wenigstens nicht mehr allein mit seinem Schicksal.

Welche Mannschaft er mag

Der Trainer-Trainer auf jeden Fall Deutschland. Der Nicht-Trainer die zu seinem großen Bedauern aussterbenden Klopper-Truppen, vermutlich also: Kroatien.

Welche Mannschaft er nicht mag

Der Trainer-Trainer alle Gegner von Deutschland. Der Nicht-Trainer bestimmt Tschechien (zu viel feingliedrige Techniker).

Der Abzocker

Sie erkennen diese Typen daran, dass sie ganz genau so aussehen wie Beckham auf einem aktuellen Bild in der *Gala*. Sie haben seine Frisur, sie haben seine Schuhe,

---

[1] Karsten Bäron, geb. 1973, von 1992-2001 Stürmer beim HSV

und sie haben vermutlich auch ein Foto seines Autos in der Brieftasche. Das heißt: ein Foto eines seiner Autos … Nur eines haben sie nicht: ein Spice-Girl an ihrer Seite. Deshalb sind sie da. Natürlich gehört auch ein gewisses Interesse am Fußball zu ihrer Grundausstattung, und wenn keine verheißungsvollen Frauen vor Ort sind, wird so ein Abzocker in der Regel auch bei dem Spiel auf seine Kosten kommen. Allerdings wird er schon in der Halbzeit wissen wollen, wo man denn NACH dem Spiel noch hingehen könne, so zum *chillen*, während alle ernsthaften Fans zu diesem Zeitpunkt noch nicht einmal wahrhaben wollen, dass die Fernsehübertragung dieses großartigen Spiels jemals zu Ende gehen wird. Doch meistens sind ja Frauen anwesend während so einer Fußball-Oper, denn bei Europa- oder Weltmeisterschaften sind banale Kicks zwischen Lettland und Tschechien ja keine Fußballspiele im ursprünglichen Sinne, sondern glamouröse Events, zu denen Einladungen ausgesprochen werden. Der Abzocker wird sich von der ersten Sekunde an auf die gut aussehenden Damen stürzen und mit munteren Bemerkungen auf sich aufmerksam machen. Er wird beispielsweise wissen, dass Robbie Williams auch ein leidlich guter Kicker war, dass Günter Netzer während seiner aktiven Zeit eine Disco betrieb und Kalle Rummenigge erst neulich seine Frau mit einer jüngeren Ausgabe ihres eigenen Typs betrogen hat. Informationen, über die ein leidenschaftlicher Fußballfreund nur müde lächeln kann, die eine saisonale On-and-Off-Fußballfreundin allerdings entzücken werden. Darüber hinaus hilft der Abzocker gern mal mit, wenn es gilt, Schnittchen im angrenzenden Raum klar zu machen oder einen Kasten Selters aus dem Keller zu holen. Augenzwinkernd bedeutet er seinen weiblichen Opfern, dass er zwar ein Fußballfreund sei, dabei aber trotzdem nicht den Blick für das *Wesentliche* verlieren wolle. Der Abzocker schreckt nicht einmal davor zurück, arglos fragenden jungen Frauen die Abseitsregel zu erklären, und er kriecht unter diesem Vorwand gerne mal beinahe in die Fragestellerin hinein. So ein Abzocker wäre unter Umständen die Pest für jede Gruppe ernsthafter Fußballfreunde, wenn er sich nicht an die eherne Regel unter Kumpels halten würde: keine aktuellen Freundinnen der Kumpels anbaggern. Keine *lauten* Gespräche. Kein Geknutsche im Nebenzimmer. Der Fußballabend darf maximal als Anbahnungs-Lokal, als eine Art Kontakthof verstanden werden, ansonsten verliert der Abzocker seine Anwesenheitsberechtigung und wird demnächst in die soziale Diaspora verbannt. Achten Sie mal drauf – selbst die notgeilsten Vorstadtfriseure halten sich an diesen unausgesprochenen Kodex.

Welche Mannschaft er mag
Solche mit Spielern, die viele Frauen anlocken: Italien, Spanien, Portugal.

Welche Mannschaft er nicht mag
Na welche wohl: Deutschland und England.

Der Intellektuelle

Ich nehme mal an, dass Sie nicht gekommen sind, um eine Art Volkshochschule mit Fußballgeräuschen aus dem Off zu erleben. In diesem Fall raten wir davon ab, sich neben Jungs zu setzen, die einen Scheitel, eine Brille und einen Rollkragenpulli tragen – auch im Sommer. Mit großer Wahrscheinlichkeit wären sie dann nämlich an einen dieser Vertreter geraten, die sich zwar für Fußball interessieren, sich aber dafür abgrundtief schämen. Also werden sie versuchen, dieser Charakterschwäche mit sehr viel kompensatorischem Wissen zu begegnen und alle, wirklich alle Beteiligten, daran teilhaben zu lassen. Glauben Sie uns – das Spiel können Sie vergessen. Stattdessen wird sie ihr Nachbar in ein Gespräch verwickeln, beispielsweise über den Existentialisten Albert Camus, der auch Torhüter gewesen sei und von dem der Spruch stamme:

»Alles, was ich sicher weiß über Moral und Pflicht, verdanke ich dem Fußball!«

Das mag ja eine interessante Information sein, aber wenn Sie nicht mal wissen, wer Albert Camus *ist* und Deutschland gegen Holland gerade angepfiffen wird, dann kann der Typ neben Ihnen ganz schnell zur Pest werden. Doch das merkt er nicht, das gehört nicht zu seinem Repertoire, stattdessen doziert er über die traditionelle holländisch-deutsche Feindschaft, den gesellschaftlichen Graben zwischen eingebürgerten Surinamesen und bollerköpfigen Holländern, der sich auch mittenmang durch das Team der »Oranje Hemden« ziehen würde, bis hin zur offensiven Fußballphilosophie des niederländischen Teams. Was ja, wie man aus dem Manifest des ehemaligen argentinischen Startrainers Menotti gelernt habe, ein Ausdruck jahrhundertelanger Unterjochung des Arbeiters an sich

sei, während eine eher defensive Ausrichtung im Fußball als kapitalistischer Bewahrerfußball zu verstehen sei.

Sie *verstehen* nur Bahnhof und würden sich freuen, wenn der Schlaumeier neben Ihnen endlich seine Klappe halten würde. Wenn Sie zu höflich sind, um ihn ganz direkt zu bitten, er möge mit seinem enzyklopädischen Wissen ein wenig sparsamer umgehen, hilft nur die Flucht in die Küche, kombiniert mit der anschließenden Suche nach einem neuen Sitzplatz. Sie hören dann nur noch in sporadischen Abständen das leise Gemurmel des ambitionierten Schwätzers, der sich ein neues Opfer gesucht hat. Geben Sie ihm besser keinen Anlass, erneut das Wort an Sie zu richten. Es sei denn, Sie wollen wirklich wissen, wie hoch das Bruttosozialprodukt von Dänemark ist, wie viel Abiturienten im deutschen Team spielen und ob die englischen Trikots durch verabscheuungswürdige Kinderarbeit in Indien hergestellt worden sind …

Welche Mannschaft er mag

Der Intellektuelle mag Mannschaften, in denen Spieler mitwirken, die in ihrer Freizeit die Abendschule besuchen oder sich für die Aids-Hilfe engagieren.

Welche Mannschaft er nicht mag

England, überhaupt britische Mannschaften – spielen kopflos, haben immer alkoholkranke Prolls in ihren Reihen, und die Existenz von Lesebrillen ist in diesen Ländern nahezu unbekannt.

Der Opportunist

Es ist ihm völlig egal, ob England, Schweden oder sogar die deutsche Nationalmannschaft ein Spiel oder gleich das ganze Turnier gewinnt. Hauptsache, er hat es irgendwie schon immer – also früher als die anderen – gewusst und kann sich jetzt, nach dem Abpfiff des Spiels, zurücklehnen und sich feiern lassen. Der Haken an dieser Strategie: Der Opportunist gehört eher zu den weniger ernsthaften, also auch nicht sonderlich informierten Typen, um nicht zu sagen: Eigentlich hat er gar keine Ahnung. Er kann Ballack von Figo unterscheiden, aber nur an der Frisur, und er weiß, dass San Marino nur selten bei Europameisterschaften mit dabei ist. Dafür passt er ganz genau auf, wenn Udo Lattek oder Paul Breitner im Fernsehen irgendeinen professionell klingenden Blödsinn verbreiten und schließt sich dann dieser Meinung vorbehaltlos an. Wenn also Breitner in dem minderjährigen Engländer Rooney einen kommenden Superstar entdeckt, der zwar wie ein kleiner Ochse aussieht, aber trotzdem eminent torgefährlich sein soll, dann kann man davon ausgehen, dass der Opportunist von diesem Moment an seinen ganzen Monatslohn darauf setzen würde, dass England das Turnier gewinnt. Merkt er allerdings, dass die Stimmung vor Ort eindeutig englandfeindlich ist – was beim Spiel Italien-England in einer Pizzeria namens *La Bruschetta* auch kein Wunder sein dürfte –, setzt er sich ganz schnell ein grün-weiß-rotes Hütchen auf den Kopf und schreit bei jedem Angriff laut »Madonna!«. Eine Unterhaltung mit einem Opportunisten bringt überhaupt nichts: Er weiß weder, wie die Spieler heißen, die

Sie interessieren, noch, ob sich Bier im Kühlschrank befindet. Der Opportunist ist eigentlich nur da, um am Ende eines Spiels triumphierend die Fäuste zu ballen und zu behaupten: »*Yes! Ich wusste, dass sie mich nicht im Stich lassen.*« Bei den Fußballwetten übrigens, die lange vor dem Beginn einer solchen Meisterschaft abgeschlossen werden, macht der Opportunist aus fadenscheinigen Gründen oft nicht mit. Oder er setzt auf Frankreich (bei einer EM) oder Brasilien (bei der WM), weil er zwar nicht viel weiß, aber immerhin gehört hat: Das sind die besten Mannschaften!

Welche Mannschaft er mag

Brasilien, Frankreich – wir haben es mit einigermaßen verlässlichen Gewinnern zu tun.

Welche Mannschaft er nicht mag

Mannschaften, die unberechenbar sind und während eines Spiels in der Lage sind, große Rückstände aufzuholen oder total einzubrechen wie Dänemark oder Holland. So schnell kommt der Opportunist mit dem glaubwürdigen Wechsel von Urteilen wie »gut« oder »scheiße« während eines einzigen Spiels gar nicht nach.

Der Organisator

Wenn Sie, sagen wir, am Sonntagnachmittag bei einem Freund zum Fußballgucken eingeladen sind, dann werden Sie spätestens am Freitagmittag zum ersten Mal von ihm hören. Hektisch wird sich eine Stimme auf Ihrem

Handy melden: *HallohiersderCarsten*, kurze Pause, dann: »*MachgeradeneUmfrageobichlieberHolstenoderBudweiserbesorgensoll*!« Sie haben dazu keine Meinung, aber das ist egal, das zählt eben als Enthaltung, auch schön, auf Wiederhören, bis Sonntag. Sie werden ein wenig konsterniert auf Ihr mobiles Telefon starren, aber diesen Anruf vermutlich schnell wieder vergessen. Carsten oder wie immer dieser Typ heißt, der offenbar für die Organisation des Kicker-Events zuständig ist, wird sich derweil um *alles* kümmern, was am Spieltag benötigt wird … Sie werden ihn bereits an der Türe kennen lernen, wo er ein in bunter Schrift kunstvoll ausgedrucktes Stück Papier bereit hält, um es Ihnen ehrfurchtsvoll zu überreichen. Dort finden Sie die Spielwette, Einsatz: drei Euro, Hauptpreis die Hälfte vom Gesamtbetrag, die anderen Preise gestaffelt. Auch einen Kugelschreiber hat er, auf Nachfrage auch mindestens noch drei weitere. Auch eine Zusatzwette hat er vorgesehen: Wer schießt das erste Tor?

Danken Sie dem Organisator JETZT und auf der Stelle für seine Arbeit, denn es ist das letzte Mal an diesem Abend, an dem er Zeit hat, für einen kurzen Moment bei Ihnen stehen zu bleiben. Aber danken Sie ihm auf jeden Fall – das freut ihn, auch wenn er sich nichts anmerken lassen wird. Sie wundern sich, dass im Raum die Fahnen der Mannschaften hängen, die gleich gegeneinander antreten werden? Sie sehen, dass auf zwei Balkonen fein säuberlich voneinander getrennt Rot- und Weißweinflaschen aufgereiht sind, Sie erkennen mehrere Kisten Budweiser, die in der Badewanne gut gekühlt um Aufmerksamkeit buhlen, Sie freuen sich über Salzgebäck und einen Bottich Eis? Alles: er. Für die Halbzeitpause hat er

einen Deal mit einer benachbarten Pizzeria laufen, er notiert schon einmal die Bestellungen, die er genau getimt telefonisch durchgeben und dann pünktlich zum Pausenpfiff entgegennehmen wird. Zwischendurch telefoniert er auf seinem Handy auch noch drei oder vier Leuten hinterher, die ihr Kommen zugesagt hatten, aber aus unerfindlichen Gründen bisher nicht aufgetaucht sind: »Findet ihr den Weg nicht?«, fragt der Organisator mitfühlend und erklärt dann detailliert und mit großer Geduld, wie das Tarifsystem des örtlichen Verkehrsverbunds funktioniert. Während des Spiels wuselt der Organisator emsig durch die Reihen, gibt Feuer, räumt Aschenbecher weg, besorgt *crushed ice*, notiert sich die Nummer eines Partyservices, der angeblich gut in Madse-Bällchen sein soll, und arbeitet bis zur 75. Spielminute eine Liste mit den Gästen aus, die noch Chancen auf den Wettgewinn haben. Kurz: Er sieht in der Regel vielleicht fünf oder sechs Minuten des Spiels. Das macht ihm nichts aus, er freut sich, wenn es allen gut geht und seine Gäste sich wohl fühlen. Alles, was Sie für ihn tun können: Sagen Sie ihm, dass Sie nirgendwo lieber Fußball anschauen würden, nicht mal im Stadion. Und Sie haben einen Freund fürs Leben gewonnen.

Welche Mannschaft er mag

Mannschaften, die viel Publikum anziehen: Deutschland, Italien.

Welche Mannschaft er nicht mag

Mannschaften, die niemand spielen sehen will: Lettland, Bulgarien.

Der Trinker

Zuerst werden Sie ihn gar nicht wahrnehmen. Im Vorfeld eines Spiels und innerhalb der ersten Halbzeit unterscheidet sich der Trinker nur wenig vom gemeinen Schweiger. Sie wundern sich zwar, warum er alle 10 bis 15 Minuten aufsteht, auch dann, wenn sich gerade eine spannende Situation auf dem Bildschirm abzeichnet, doch das vergessen Sie schnell wieder. Der Mann scheint harmlos zu sein. Der sagt nix und holt nur Bier. Und holt Bier. Und holt sich noch ein Bier. Bis zur Halbzeit ist er jetzt schon vier Mal aufgestanden, und er fragt dabei immer, ob er irgendwem noch ein Getränk mitbringen dürfe? Die ersten beiden Male finden Sie das nett, aber wenn Sie zufällig hinter ihm sitzen sollten, lässt dieser Eindruck bald nach. Der Trinker, so wie wir ihn kennen, ist ein genügsamer Mensch – er trinkt Bier, und dabei belässt er es. Allerdings trinkt er definitiv zu viel davon, und so hören wir ab der 50., 60. Minute des Spiels, dass der Trinker auch eine Stimme hat. Heiser und abrupt ruft er plötzlich irgendetwas Unflätiges und zumeist ziemlich Banales Richtung Bildschirm, »Arschloch!« beispielsweise oder: »Ramel-oh, du-bist-schle-hecht!« Dann rülpst er laut und schaut sich provozierend um. In diesem Stadium wird der Trinker noch gerne ignoriert, doch Sie können davon ausgehen, das sich das ändert. Spätestens, wenn er zehn Minuten später dann wirklich bereits *stark* angetrunken mit einer neuen Flasche Bier auf seinen Platz zurückkehren will und bei dem Versuch, seinen Sitz zu erreichen, erst einmal ein Bänkchen mit fünf erschrockenen TV-Zuschauern rammt und beinahe umstürzt. Nachdem er dann tatsächlich seinen angestammten Platz wieder entdeckt hat, ist sein Kommunikationsbedürfnis offenbar immens gewachsen. Er dreht sich nach rechts, nach links, nach vorne und nach hinten und erzählt jedem, der den Fehler macht, ihm in die Augen zu sehen, den gleichen verstiegenen Mist: »Ist doch ein Scheißspiel, oder? Totales Scheißspiel.« Oder: »Abgekartetes Spiel. Der Schiri ist doch aus Ungarn. Die haben noch eine Rechnung mit uns offen!« Auch motorisch wirkt unser Trinker jetzt nicht mehr so frisch, er schlenkert mit den Armen wie ein Kettenkarussell auf großer Fahrt, und sein Oberkörper schunkelt besinnlich zu einem imaginären Karnevalshit. Der Moment, in dem er sich reflexartig dafür entscheidet, ein weiteres Bier zu besorgen und allein bei dem Versuch aufzustehen, eine mittlere Katastrophe anrichtet, ruft den Organisator auf den Plan. Mit verlegenem Lachen und einem Schulterzucken (»Ich weiß auch nicht, was heute mit dem los ist!«) nimmt er den Trinker in den Arm und führt ihn in ein Nebenzimmer, ruhig auf ihn einredend: »Komm, wir gehen nach nebenan, hier ist eh nix mehr los.«

Das ist das letzte Mal, dass Sie den Trinker an diesem Tag sehen, aber beim gemeinsamen TV-Event am nächsten Tag sitzt er wieder vor Ihnen, als ob nichts gewesen sei.

Und holt sich ein Bier. Und noch eins und …

Welche Mannschaft er mag

Solche, die ihn gleich auf die richtigen Gedanken bringen: England, Russland.

Welche Mannschaft er nicht mag

Alle skandinavischen Mannschaften. »Weißt du, wie teuer da der Stoff ist, Alter?«

Zweiter Teil

Dating Rules!
Das sollten Sie über Männer wissen, die sich während der EM mit Ihnen verabreden

Typ 1
Er lädt Sie zum Fußballabend mit all seinen Freunden ein

Der praktische und unkomplizierte Vertreter der Spezies Mann. Er verfügt über ein Sozialleben, und er interessiert sich offenbar für Fußball. Das sind Informationen, die Ihnen nicht von jedem viel versprechenden Kandidaten auf dem Silbertablett präsentiert werden. Jetzt können Sie selbst entscheiden, was Sie mit derlei Vertrauensvorschuss anfangen. Wir haben es schließlich mit einem freimütigen Bekenner zu tun, was in erster Linie als positives Signal verbucht werden dürfte. Aber, und hier kommt schon der erste Zwischenruf: Ist er auch so freimütig und unsensibel, Sie an diesem Abend sofort als vollwertiges, also »normales« Mitglied seiner Bezugsgruppe zu behandeln? Das wäre weniger schön ... Das hieße nämlich, dass er Ihnen vor Ort ungefragt eine Flasche Bier vor die Nase hält, von der er erwartet, dass Sie sie mit den Zähnen öffnen können. Machen die anderen ja auch so. Das hieße ebenfalls, dass er Ihnen im Zustand höchster sportlicher Erregung kumpelhaft auf die Schulterblätter haut wie ein Polier auf dem Bau, dazu keift und brüllt und schwitzt und sich mal so richtig gehen lässt – ist ja schließlich EM und ein spannendes Spiel noch dazu. Sein Buhlen um Ihre Gunst – und davon könnten Sie beim ersten Date ja durchaus einiges erwarten – erschöpft sich in regelmäßiger Sorge um Ihre Nierenfunktionen: »Noch was trinken?«

Entpuppt ER sich allerdings als ein fürsorgliches Date auch im Bannstrahl des runden Leders und platziert Sie ganz bewusst weit entfernt von den stadtbekannten Pöblern, Trinkern und Spinnern, bringt Ihnen unaufgefordert alkoholische Erfrischungen und klärt Sie mit wenigen, unangestrengten Worten über den Sinn, Verlauf und vermutlichen Ausgang des Spiels auf, dann, ja dann: können Sie sich beruhigt zurücklehnen. Sie haben mal ausnahmsweise keine Niete gezogen. Weitere Rendezvous sind dringend zu empfehlen. Und die Europameisterschaft dauert ja auch nicht ewig.

Typ 2
Er lädt Sie an einem Spieltag allein in seine Wohnung ein

Nepper, Schlepper, Bauernfänger hieß damals diese Sendung, in der eine Art verkleideter Versicherungsvertreter namens Ede Zimmermann schrille Warnungen vor der alltäglichen kleinkriminellen Energie in deutsche

Wohnzimmer funkte. Natürlich wollen wir an dieser Stelle niemanden kriminalisieren. Aber dubios und nicht vollkommen ehrenhaft dürften die Absichten schon sein, die ein junger Mann hegt, der seine frische Bekanntschaft gleich zu sich nach Hause bittet. Während doch gleichzeitig unten in Südeuropa die deutsche Mannschaft heroisch um das letzte bisschen Ehre kämpft, die man sich bewahren konnte. Wir gehen natürlich erst einmal davon aus, dass sich der junge Mann auch für Fußball interessiert. Andernfalls nämlich können Sie sicher sein, dass er Sie auf jeden Fall ins Schlafzimmer schleppen möchte – und dann wäre sein Verhalten auf jeden Fall ungehörig, weil: zu voreilig. Wir reden über das erste Date. Der Mann kennt wohl die Reihenfolge nicht. Zurück auf Los!

Aber auch im günstigeren Fall ist die Angelegenheit schon ziemlich kompliziert. Unter Umständen ist unser Mann ja ein altruistischer Zeitgenosse, der Sie mit dieser Einladung nur schützen wollte. Vor seinen Freunden, die während so eines Fußballfestes gerne mal raufen, pöbeln und zu viel trinken. Vor dem Lärm also und der Enge einer öffentlichen Kneipe oder ganz grundsätzlich vor dieser latenten Massenhysterie, in die sich selbst ein halbwegs zivilisiertes, mitteleuropäisches Land während so einer EM manövriert. In diesem Fall nehmen wir das mit der »Bauernfängerei« natürlich zurück. Es mag zwar etwas dröge sein, das erste Date auf einem Ikea-Sofa zu verbringen, ein paar Teelichter und den EM-Knabberspaß vor sich, und dabei nur das Nötigste zu sprechen. Doch hier mag es nun mal die Geste sein, die zählt. Und wenn der junge Mann es tatsächlich geduldig schafft, bis weit in die zweite Hälfte hinein die Finger von Ihnen zu lassen, hat entweder Ihr Deo versagt oder er ist höflich, ergo auch: Vertrauen erweckend. In diesem Fall können Sie ja dann in die Offensive gehen. Vorausgesetzt natürlich, das Spiel ist mäßig …

Doch zurück zu Ede Zimmermann und seinem unverrückbaren Glauben an das Schlechte im Menschen. Wenn Sie ein junger Mann allein in seine Wohnung einlädt, um mit Ihnen ein EM-Spiel anzuschauen, dann geht es in der Regel nur um eines. Fußball ist es nicht. Diese Einladung unterscheidet sich in ihrer Zielorientierung nur in einem kleinen Detail von der eher traditionellen Aufforderung, sich doch mal die Briefmarkensammlung (alternativ auch die Modelleisenbahn oder die DVD-Collection von *Sex and the City*) anzusehen. Nämlich darin, dass er aus dieser Nummer ohne atmosphärische Blessuren wieder rauskommt, falls seine Beischlaf-Strategie fehlschlagen sollte. Entscheiden Sie sich nämlich auch nach seinem zweiten oder dritten Annäherungsversuch gegen einen Besuch im Schlafzimmer, kann Ihr neuer Galan immer noch den Fernseher anstellen und zusammen mit Ihnen tun, was er ohnehin am zweitliebsten gemacht hätte an diesem Abend: ein Fußballspiel ansehen.

Und Sie haben nicht mal das Recht, nun zickig zu sein. War ja schließlich abgesprochen.

Und der einzig unflexible Mensch in diesem Zimmer waren bisher ja nur: Sie!

Typ 3
Er lädt Sie an einem Spieltag ins Kino ein. (Und sagt den Termin unter einem fadenscheinigen Grund eine Stunde vorher ab)

Jetzt ist es schon wieder passiert. Sie sind an einen Chaoten geraten. Eine dieser liebenswerten Gestalten, die Ihnen in kleinen Bars die amüsantesten Geschichten erzählt haben. Von Reisen in merkwürdige Länder, von absurden Projekten in der Zukunft, von viel Tagesfreizeit in der Gegenwart und ein paar unglücklich gelaufenen Geschichten in der Vergangenheit. An eine dieser charmanten Gestalten eben, in die Sie sich keinesfalls wieder verlieben wollten. Sie haben widerwillig, wie Sie glaubten, Ihre Telefonnummer aufgeschrieben, haben nur aus reiner Gutmütigkeit keinen Zahlendreher eingebaut, und dann haben Sie sich schon eine Stunde später bei dem Gedanken ertappt, der charmante junge Mann könne aber nun wirklich langsam mal praktischen Gebrauch von dieser noblen Geste machen. Und dann haben Sie sich für nächsten Freitag ins Kino verabredet, als er dann – drei Tage später! – endlich anrief.

Der Haken an diesem Termin: Es läuft zeitgleich ein wichtiges Spiel während der EM. Das haben Sie registriert, etwas nervös, aber andererseits: So infiziert sind Sie ja noch nicht von dieser ansteckenden kollektiven Begeisterung, die inzwischen wie eine Epidemie auch in gesellschaftliche Bereiche vorgedrungen ist, wo Bälle bisher nur mit Staatsoper und Rüschenkleidchen in Verbindung gebracht wurden. Sie wundern sich: Ihr neues

Love Interest scheint offenbar andere Prioritäten zu setzen als die meisten seiner Chromosomenträgergenossen. Sie sind schon knapp davor, sich die Haare von den Beinen zu schaben – für alle Fälle. Da kommt der Anruf: »Du ich kann heute leider nicht. Notfall. Wasserrohrbruch, die ganze Wohnung ist verwüstet!« (Ersatzweise: Ein naher Verwandter ist gestorben, ein Flugzeug abgestürzt, er muss für den New-York-Marathon trainieren.) Jedenfalls, wie auch immer: Er ist untröstlich. Und beteuert mit vielen Worten, dass er es sehr bedauert, Sie nicht sofort zu sehen und womöglich in die Arme nehmen zu können. Dann schlägt er Ihnen einen neuen Termin vor, bald darauf: »Sagen wir Sonntag?«

Nun haben Sie die Wahl. Wenn Ihnen dieser notlügende Fußballfreak, dieser überschwängliche Chaot bereits ans Herz gewachsen sein sollte, dann schauen Sie vor der nächsten Terminabsprache besser *vorher* in den Spielplan der EM. Sonst besteht die Gefahr, dass sich im Leben Ihres neuen Freundes weitere Katastrophen ereignen. Verabreden Sie sich einfach an einem spielfreien Tag, vermutlich wird er dann – zu spät zwar, aber: kommen. Dann finden Sie einfach raus, ob es sich lohnt, den Hallodri in den nächsten Monaten zu domestizieren.

Besser aber, Sie gehen den unausweichlichen Konflikten in der Zukunft gleich aus dem Weg und lassen Münchhausens unehelichen Spross auflaufen. Kann zwar sein, dass Ihnen auf die Art ein paar wirklich spannende Abende durch die Lappen gehen, aber unter dem Strich verbreiten auch liebenswerte Chaoten in erster Linie eines: Chaos!

Typ 4
Er lädt Sie an einem Spieltag in ein kleines romantisches Restaurant ein (und kommt auch ...)

Ganz schwierige Entscheidung. Natürlich wünschen Sie sich so einen Mann. Alle wünschen sich so einen Mann. Einen Mann, dem Deutschland gegen Holland so was von an jedem erdenklichen Körperteil vorbeigeht. Der nicht mal weiß, wer oder was »Tante Käthe« eigentlich ist, und der Zinedine Zidane für das neue Duftwässerchen von Lagerfeld hält. Einen Mann, der die Stirn besitzt, Sie an einem solchen Abend in das angesagteste Restaurant der Stadt einzuladen. *Natürlich* ist das toll! Genau so einen Mann haben Sie immer gesucht. Also, nichts wie hin. Viel Spaß. Genießen Sie den Abend.

Ach, Sie sind sich nicht GANZ sicher? Irgendetwas stört Sie daran, dass ganz Deutschland in diesem Moment mit seinen Gedanken und Hoffnungen bei einem Fußballspiel verweilt, während Sie eine parfümierte, kalligraphierte Speisekarte studieren und sich nicht entscheiden können, ob Sie Karnickelsud oder Hackherzchen aus Rinderlende bestellen sollen. Was könnte das bloß sein?

Das Gefühl vielleicht, in einem Vakuum zu schweben, einem beinahe unbewohnten Paralleluniversum, in dem sich nur ein paar schrullige Brillenträger und Taftrockgouvernanten aufhalten? Oder in einem gähnend leeren Restaurant zu hocken, in dem sich das letzte bisschen Leben auf die 10 m^2-Küche zurückgezogen hat, in der drei somalische Spülmänner aufgeregt um einen TV-Watch-

man tanzen? In dem gerade zu sehen ist, wie Orange gegen Schwarz-Weiß kämpft? Vermutlich ist es das. Dieses Gefühl, plötzlich aus einer Gemeinschaft ausgeschlossen worden zu sein, von der man bis dahin nicht mal wusste, dass man ihr gern angehören wollte. Sie können den Abend natürlich durchstehen. Allerdings sollte ER es dann wirklich wert sein. Schauen Sie sich Ihren Fang besser vorher ganz genau an, bevor Sie überall zum Zaungast werden …

Typ 5
Er lädt Sie an komischen Wochentagen zu merkwürdigen Zeiten ein …

Er ist nett. Seine schrulligen Gewohnheiten sieht man ihm gar nicht an. Aber so ganz sauber scheint Ihr neuer Verehrer nicht zu sein. Er hat Sie jetzt binnen der letzten zwei Wochen drei Mal eingeladen. Zwei Mal haben Sie schon abgesagt. Dabei ist Ihnen durchaus bewusst, dass Sie diesen Typen gern wieder sehen würden: Er ist witzig, charmant und der ein oder andere tiefe Blick in seine Augen hat alle ihre tiefer gelegenen Regionen aktiviert. Der Mann ist perfekt. Eigentlich. Trotzdem haben Sie schon zwei Mal abgesagt. Kein Wunder: Wer will schon an einem Donnerstagnachmittag zwischen 14.30 und 17 Uhr in einem botanischen Garten spazieren gehen? Sie sind doch kein »Termin«. Andererseits passte Ihnen der Montag darauf dann auch wieder nicht: »23 Uhr, Ende offen«, hatte er vorgeschlagen. Auch nicht unbedingt Ihre Traumvorstellung von einer guten Zeit für das erste Date. »Kannst du nicht auch mal zu einer ganz normalen Zeit, nächsten Samstag um acht zum Beispiel?« Er schwieg darauf einen Moment zu lange, sodass Sie sich auf seine Antwort schon einstellen konnten: »Da habe ich schon was vor, aber wie wäre es denn Dienstag gegen 13 Uhr zum Lunch?«

Bisher haben Sie das erste Date mit einem verheißungsvollen Kandidaten noch nie in einer innerstädtischen Brasserie verbracht, und allein die Vorstellung, dort »Mittagstisch B« zu bestellen, verschafft Ihnen auf Anhieb juckenden Hautausschlag. Doch wer weiß schon, ob dieser junge Mann auch noch einen vierten Vorstoß unternehmen wird? Der *muss* doch annehmen, dass Sie kein Interesse haben – bei diesen Körben! Also empfehlen wir: Gehen Sie besser hin und finden Sie heraus, was es mit seinen zeitlichen Engpässen auf sich hat. Vielleicht kommen Sie ja von selbst drauf. Er trägt vielleicht das Trikot von Michael Ballack unter seinem Jackett oder die Brasserie, in der Sie schließlich landen, hat »Gulasch à la Rudi Völler« auf der Karte. Dann dürfte Ihnen langsam dämmern, dass der Mann keine sechsköpfige Familie vor Ihnen verheimlicht, sondern in diesen heiligen vier Wochen seine Hauptaufmerksamkeit einfach dem Fußballsport gehört. In diesem Fall empfehlen wir: Lehnen Sie sich zurück und warten Sie beruhigt ab. Erstens: Der Mann schämt sich für seine Fußballleidenschaft – das lässt für die Zukunft eine gewisse Kompromissbereitschaft erahnen. Zweitens: Trotz seines misslichen Interessenkonfliktes hat der junge Mann Sie nicht komplett abgeschrieben, sondern versucht auf eine rührende Art,

Fußball-Leidenschaft und Libido unter einen Hut zu bringen. Das verdient Ihren Respekt. Drittens: So eine EM dauert vier Wochen. VIER WOCHEN! So lange können Sie doch wohl warten. Und die Hälfte haben Sie schon rum …

Typ 6
Er lädt Sie ein, mal was trinken zu gehen, wenn die Fußball-Europameisterschaft vorbei ist.

Vermutlich haben Sie es hier mit einem Sachbuch-Leser zu tun. Dale Carnegie oder so, *Sorge dich nicht, hau rein* oder so. Diese Bücher, die ehrgeizigen jungen Männern suggerieren: Du kannst alles schaffen, es steht dir übrigens auch zu. Du musst nur deine Ziele fokussieren und in klaren Schritten angehen.

So. Und das macht er nun, der junge Mann. Hat herausgefunden, dass der Fußball seine große Leidenschaft ist. Also widmet er dieser Leidenschaft während der EM seine vollständige Aufmerksamkeit und Hingabe. Dummerweise ist ihm – unglückliches Timing – etwas dazwischen gekommen: Sie! Er hat vielleicht festgestellt, dass es sich bei Ihnen um eine liebreizende Person handelt. Und nun möchte er ein bisschen über Sie herausfinden, sich womöglich sogar an Ihnen reiben und etwas Körperflüssigkeiten austauschen. Doch leider, leider passt es ihm zeitlich gerade gar nicht in den Kram. Die Fußball-EM, Sie wissen schon. Also folgt der Sachbuch-Leser seinen schriftstellernden Propheten und stellt nüchtern fest: Sie haben eine höhere Lebenserwartung als so eine Meisterschaft. Mit der wird es nach vier Wochen unweigerlich zu Ende gehen. Da wirkt seine Entscheidung doch auf den ersten Blick ganz smart: eins nach dem anderen, erst der Fußball, dann das nächste Vergnügen.

Klingt das für Sie akzeptabel? Nein? Na dann herzlichen Glückwunsch. Sie genießen unseren Respekt und unsere volle Unterstützung. So ein berechnender, im Zweifel bestenfalls gefühlskalter Rechenschieber verdient niemanden wie Sie an seiner Seite. Schließlich sind Sie kein Schweinebauch und Liebe kein Warenterminhandel.

Dritter Teil

Das sollten Sie schon selbst wissen, bevor Sie mit Jungs Fußball schauen

Nein, nein, so einfach ist es wirklich nicht. Sich einfach auf ein Stühlchen oder ein formschönes Sofa zu hocken und zu glauben, mit Ihren üblichen Gewohnheiten ließe sich bereits ein gelungener Abend gewährleisten, führt oft, ja nahezu immer, in eine soziale Katastrophe.

Deshalb haben wir mal etwas für Sie zusammengetragen …

Große Irrtümer, die Frauen vermeiden sollten

Große Küche
Große Fragen
Große Auftritte
Große Liebe
Große Begeisterung

Große Küche

Als neulich George Bush bei der Queen zum Abendessen eingeladen war, muss er im Minutentakt gegen die Hofetikette verstoßen haben: Ständig wollte er mit Elizabeth anstoßen, die aber wollte der Nationalhymne lauschen; er setzte sich hin, bevor sie sich hinsetzte; er wollte einen Toast aussprechen, als sie endlich essen wollte usw. Jetzt denken Sie vielleicht, Sie wüssten mit Sicherheit mehr über einen Abend mit Fußballfans als ein Texaner über ein Essen im Buckingham Palast (angeblich hatte er auch Schwierigkeiten mit den sieben verschiedenen Kristallgläsern). Das wäre aber alteuropäische Arroganz.

Tatsache ist: Ihre vielleicht hoch gelobten Fähigkeiten als Gastgeberin bunt gemischter Abende helfen Ihnen kein Stück weiter. Ein Beispiel: Bestimmt haben Sie schon mal zum gemeinsamen Grand-Prix-Gucken geladen (gemeint ist der Chanson-Wettbewerb, nicht die Michael-Schumacher-Nummer).

Zielsicher haben Sie diese lustigen Länder-Flaggen gekauft (auch wenn´s jetzt schwieriger geworden ist, weil kein Mensch die Flaggen von Lettland und Litauen auseinander halten kann), einen lustigen Käse-Igel hergestellt (Sie wissen, diese Aluminiumkugel mit aufgepieksten Gouda-Stücken und Weintrauben), dazu Cräcker und vielleicht noch eine lustige Fruchtbowle gereicht. Dann haben Sie noch nachgeschaut, wer dieses Jahr den Grand Prix ausrichtet, sagen wir mal die Türkei, dann ein Blick in Ihr Kochbuch »Köstlichkeiten aus aller Welt« geworfen, und die Sache war mit Döner und ein paar Spinat-Böreks gegessen. Ein Hurra auf die Gastgeberin.

»Kannst du mir das Rezept geben?«, »Das machen wir nächstes Jahr wieder«, »Toll, was du immer zauberst«. Sie gehen glückselig ins Bett.

Jetzt dagegen der Fußballabend, sagen wir: Griechenland gegen Frankreich. Die Besetzung: die gleiche wie am Grand-Prix-Abend, nur ohne Frauen. Sie kaufen lustige Länderflaggen (die von Frankreich und Griechenland kann zum Glück jeder Trottel auseinander halten), kaufen französischen Rotwein und französischen Käse, stellen eine formschöne Moussaka her. Und: nichts. Keine Komplimente, nirgends. Die Herren werden ihr eigenes Bier in Sixpacks mitbringen, dazu unter dem einen Arm Aldi-Chips (»Hallo! Nimmst du mal?«), unter dem anderen diverse Zettel von Bestelldiensten (»Pizza-Max«, »Schnelle Pizza« und »Pizza-Lecker«). Wenn sie früh genug kommen, sind sie noch in der Lage, Ihnen genauere Anweisungen für die Bestellung zu geben (»Doppelt Käse, doppelt Schinken, halt alles doppelt«), wenn es knapp wird (also etwa eine Stunde vor Anpfiff), werden sie Ihnen nur noch die Zettel mit Kreuzen überreichen. Den Rotwein werden sie nicht wollen, schon gar nicht, wenn Sie ihn in Ihren Lieblingsgläsern, diesen hohen, großen, zerbrechlichen, ausschenken. Vielleicht würden Plastikbecher gehen. Die Moussaka kann man nicht aus der Hand essen, und auch der Käse sollte auf jeden Fall portioniert sein und durch seinen Duft nicht allzu sehr ablenken. Abpfiff, Sie frieren die Moussaka ein und gehen frustriert ins Bett.

Das alles ist nicht böse gemeint. Klar kann jeder Mann sich doofe Chansons anhören, dabei hoch komplizierte Nahrungsmittel zu sich nehmen, sich lobend über Ihre

Qualitäten als Köchin äußern und sich dabei noch über das sehr, sehr merkwürdige Kleid der türkischen Moderatorin mokieren. Aber bei einem Fußballspiel kann er nur eins: das Fußballspiel schauen. Davor: über das Fußballspiel diskutieren. Danach: über das Fußballspiel diskutieren.

Seien Sie nicht beleidigt. Ein Abend, zu dessen Gelingen Sie nur einen Telefonanruf beitragen müssen, ist doch so schlecht auch wieder nicht.

Große Fragen

Sonntag Abend, 20.15 Uhr, ein deutscher Durchschnittshaushalt hat das Wochenende fast hinter sich gebracht. Gedankenfetzen zwischen »So ein Scheiß, schon wieder Sonntagabend« und »So ein Scheiß, morgen ist Montag«, als sich das letzte Zeitfenster des Eskapismus ankündigt: der *Tatort*. Wenn Sie Glück haben, ist Ihr Partner noch aufnahmefähig genug, um den schmierigen Gärtner vom hinterhältigen Assistenten unterscheiden zu können. Wenn Sie Pech haben, geht spätestens um 21.05 Uhr (ja, wir haben das überprüft) die Fragerei los: »Was hatte die noch mal mit dem?«, »Wer ist denn der Typ mit den Cowboystiefeln?« und so weiter, Sie wissen schon. Vielleicht sind Sie entspannt genug, um höflich zu antworten: »Die hatte gar nichts mit dem, sondern mit dem anderen« und: »Der Kommissar«. Vielleicht malen Sie sich aber auch aus, wie wohl der Mensch neben Ihnen auf dem Sofa in so einem gerichtsmedizinischen Institut aussehen würde. Nur ganz kurz natürlich, während Sie sich ein Bier holen und ihn verzweifelt und unwissend zurücklassen. Gleiche Szenarien existieren in den Rubriken: »Romantische Komödie« (»Wen wollte sie noch mal heiraten?«), Science-Fiction (»Auf welcher Zeitebene sind wir jetzt?«) und Serienkiller-Thriller (»Ist die schon tot?«). Ein Personaltableau, das über ein Ein-Mann-Stück hinausgeht, scheint die Speicherkapazitäten vieler Männer zu überlasten. Für unser Thema nahe liegend wäre die Theorie, dass seine Gehirnzellen bereits mit der Speicherung von Themen wie »die 54er-Mannschaft«, »die 74er-Mannschaft« und »die 90er-Mannschaft« beschäftigt sind.

Wichtiger jedoch ist seine mangelnde Fähigkeit, diese eigenen Schwächen bei anderen zu verzeihen. Obwohl Sie ihm nun bereits die gesamte Beziehungsdauer über erklären, wer mit wem warum dieses oder jenes getan hat, wird er Ihnen im Gegenzug nun bitterböse Blick zuwerfen, wenn Sie anfangen, bei einem Fußballspiel auch nur die harmloseste Frage (etwa: »Wie heißt der noch mal?«) zu stellen. In dem Fußballuniversum haben seiner Meinung nach nur Menschen eine Existenzberechtigung, die spätestens im Alter von zehn angefangen haben, Turniere mit ihren Lieblingsmannschaften nachzuspielen (damals mit Tipp-Kick, heute auf einer Play-Station), dies alles ordentlich auf Spiralblöcken notiert und anschließend auswendig gelernt haben. Und selbst Männer, die normalerweise über ein ausgeprägtes Helfersyndrom verfügen (»Probleme mit dem Auto, Süße?«), verstummen im Angesicht eines Fußballspiels. Wir würden Ihnen gern die feministisch korrekte Lösung dieses Problems nennen. Leider gibt es die nicht.

Große Auftritte

Im WM-Jahr 2002 erwirtschaftete *Adidas* einen Umsatz von sechs Milliarden Euro, Nike setzte gar zehn Milliarden um. Wir wollen Sie jetzt nicht mit dem Einmaleins des Sportartikel-Business langweilen. Sondern Sie warnen: z.B. vor dem DFB-Auswärtstrikot EM 2004 von Adidas, Kosten: 65 Euro plus 15 Euro, wenn Sie den Namen Ihres Lieblingsspielers hinten aufgedruckt haben möchten. Oder vor dem Portugal-Nationalmannschaftstrikot von Nike für 64,95 Euro. Beide sehr formschön und aus wunderbaren Multifunktionsmaterialien. Trotzdem: Finger weg von Spontankäufen. Wenn Sie während der EM tagelang Werbung ausgesetzt sind, die Ihnen suggeriert, mit dem richtigen Stück Stoff würden Sie dazu gehören: Bleiben Sie standhaft. Wenn eine Freundin nach der anderen umfällt und plötzlich in »Es gibt nur ein Rudi-Völler«-T-Shirts herumläuft. Vorsicht! Selbst wenn Ihr Briefträger, Ihr Bankberater und andere Menschen Ihres Vertrauens in England-Trikots mit Beckham-Beflockung auflaufen: Just don't do it.

Sie senden damit einfach die falschen Signale aus. Niemand, der sich ernsthaft mit Fußball beschäftigt, kauft ein Trikot, weil es so hübsch aussieht. Oder weil es gerade schick ist. Fußball-Fans kaufen (und wie oben gesehen, kaufen sie wie verrückt) Fanartikel, weil sie Fans sind. Ganz einfach. Um sich gegenseitig zu erkennen, ohne Schilder um den Hals zu tragen. Damit man sich in der Kneipe gleich in die richtige Ecke setzen kann. Um sich der gemeinsamen Geschichte aus bitteren Niederlagen und süßen Siegen zu vergewissern. Das Trikot ist kein schmückendes Accessoire, sondern nonverbale Kommunikation. Wer Ihnen was anderes einreden will, meint es nicht gut mit Ihnen. Das werden Sie spätestens dann sehen, wenn Sie sich an einem gemeinsamen Fußballabend ganz stolz in Ihrem neuen, hautengen, azurblauen Kappa-Italien-Trikot präsentieren und die böse Frage kommt: »Warum bist du denn für Italien?« Wenn da nicht mehr kommt als: »Die haben so hübsche Spieler« oder »Das Trikot gefällt mir«, sind Sie leider für immer in der »Gott, schon wieder so `ne blöde Tussi«-Schublade. Und da ist es nicht schön drin, glauben Sie uns.

P.S.: Wenn Sie aber mindestens fünf Gründe für die Wahl Ihres Landestrikots vorbringen können, hier zwei Bezugsadressen:

www.dfb-fan-corner.de
www.world-of-football.de

Große Liebe

Vielleicht sehen Sie ja auch ab und zu diese possierlich-absurden RTL-II-Reportagen mit Titeln wie *Hoch getuned und tiefer gelegt – Golf-GTI-Fans* oder *Wo der Mann zum Kind wird – Modelleisenbahner unter sich.* Wenn nicht: Wir empfehlen diese Sendereihen dringend zur Vorbereitung der Fußball-Europameisterschaft zu rezipieren. Wenn Sie erst mal ein paar Frauen gesehen haben, die jedes Wochenende auf einer Schlammwiese im Nirgendwo stehen, nur damit sie ihrem Freund dabei zugucken können, wie er sein Auto poliert oder in einer wirklich deprimierenden Mehrzweckhalle Entzückungsschreie über eine angerostete Mini-Lok ausstößt, werden Sie sehr dankbar sein, dass Ihr Partner nur Fußballfan ist.

Natürlich haben Sie jedes Recht der Welt, sich diesem Universum komplett zu entziehen. Machen Sie ihm das dann bitte gleich zu Beginn der Beziehung klar. Wenn Sie – »nur ihm zuliebe« – ein paar Mal mitgeschaut haben oder gar mitgegangen sind, werden Sie ihm nur noch schwer verständlich machen können, dass es Sie einen Scheiß interessiert, ob Zinedine Zidane geniale Pässe schlagen kann und wer die wirkliche Nummer Eins im spanischen Tor ist. Da ist der Fußballfan wie alle in Liebe Entflammten: Er versteht nicht, dass seine Herzensangelegenheit auch Menschen langweilen könnte. Sehen Sie die knapp vier Wochen EM dann lieber als Auszeit. Wird ja sowieso in allen Frauenzeitschriften empfohlen, nicht zu doll aufeinander zu hocken und die eigenen Freundschaften nicht zu vernachlässigen. Machen Sie nicht den Fehler, die verhängnisvolle Sinnfrage zu stellen. Oder gar die »Entweder ich oder«-Frage. Stellen Sie sie zumindest nicht während der Europameisterschaft. Ereignisse dieser Größenordnung sind für den Mann ein so großer emotionaler Kraftakt, dass ihn Ihre Frage gar nicht erreichen wird. Und Sie werden von den Gruppenspielen bis zum Finale nur immer verbitterter.

Möglichkeit B: Sie geben dem Fußball eine Chance. Da gibt es keine bessere Gelegenheit als eine Fußballeuropameisterschaft. Die Spiele sind aufregend, und die Spieler sind es auch. Sie dürfen nur nicht denken, dass so ein gemeinsames Hobby Sie einander näher bringt wie ein Urlaub in Paris oder ein Konzertbesuch. Tatsächlich gibt es wohl kaum etwas Autistischeres als Fußball guckende Männer. Also: lieber keine Fragen wie »Liebst du mich?« oder »Wie findest du mein Kleid?« während des Spiels. Unterdrücken Sie den Wunsch nach zärtlichen Küssen und Umarmungen. Gucken Sie einfach nur zu. Entweder dem Spiel oder ihm.

Große Begeisterung

Vielleicht haben Sie inzwischen den Eindruck gewonnen, Fußball mit Männern zu sehen, sei ungefähr gleichbedeutend mit dem Eintritt in eine mittelalterliche Sekte oder zumindest wie ein längerer Aufenthalt bei den Amish-People. Man sollte sich nicht zu schick anziehen, man sollte am besten keine Fragen stellen, auf keinen Fall zu teures Essen auftragen und den Partner in aller Öffentlichkeit zu küssen wird auch nicht gern gesehen. Nach Spaß klingt das ja alles nicht gerade. Zu Ihrer Beruhigung hier der gute alte Herberger-Satz: »Ein Spiel dauert neunzig Minuten«. Danach verwandelt sich Ihr Amish-Mönch wieder in den wohlerzogenen Mann des 21. Jahrhunderts. Zuvor allerdings noch das letzte Kapitel aus dem Kloster-Leben des Fußball-Fans: Zu große Begeisterung kommt nicht gut an. Das widerspricht jetzt vielleicht allen Ihren Kenntnissen über Fußballfans, die Sie sich bisher als eine Kreuzung aus dem Tier aus der Muppets-Show und Ozzy Osbourne vorgestellt haben. Menschen, die angesichts eines Sieges einfach mal auf den Straßen tanzen, unartikulierte Laute ausstoßen, wildfremde Menschen küssen und angesichts einer Niederlage nur noch unartikulierte Laute ausstoßen, ohne zu tanzen.

Wir müssen da leider korrigierend eingreifen: Das alles macht der Fußballfan *nach* einem Spiel. Während eines Spiels können Sie sich ihn eher vorstellen als ein nervöses Rennpferd (wir wollen Sie nicht mit Tiermetaphern quälen, dies ist die letzte, wir versprechen es). Angespannt bis unter die eine Bierdose umklammernden Fingernägel, bereit, Mutter, Großmutter und Vaterland für einen Sieg herzugeben, schwankend zwischen totaler Euphorie und lähmendem Entsetzen. Und jetzt kommen Sie und versuchen, Ihre aus der Coca-Cola- oder Nike-Werbung importierte Vorstellung von 90 Minuten Spaß auf Rasen, Rängen und Plätzen anzubringen. Das wird nicht funktionieren. Er wird es durchschauen. Seine Reaktionen sind lang trainiert, bis zum perfekten Synchronismus zum Spielverlauf. Also bitte kein »Und jetzt alle die Welle« bei einer 3:0-Führung in der 85. Minute. Er weiß, es kann immer noch schief gehen. Auch kein »Nein, das ist viel zu aufregend für mich«. Er macht diese anstrengende Hormon-Ausschüttungs-Nummer schon viel länger mit als Sie. Ab und zu sollten Sie ihm beruhigend über den Kopf streicheln. Das mag er. Da ist er nicht anders als die Rennpferde.

10 Situationen, wie Sie die Fußball-EM erleben können

Es ist ganz und gar nicht unerheblich, *wo* Sie die Spiele der Europameisterschaft anschauen. Publikum, Stimmung und gastronomische Qualität unterscheiden sich doch ganz erheblich voneinander. Lesen Sie die folgenden Abschnitte und finden Sie alles über Ihre individuellen Vorlieben heraus und entdecken Sie, ob Sie eher auf eine angesagte »Event-Location« oder die Schrammelbutze stehen.

Orte, an denen Sie DAS Spiel sehen können ...

Zu Hause, zusammen mit Ihrem Freund
Zu Hause, mit all Ihren Freunden
Bei irgendeinem Ihrer Freunde auf der Terrasse
Live im Stadion
Beinahe live, auf einer Großleinwand NEBEN dem Stadion
Auf dem Rathausplatz Ihrer Stadt
In einer Szenekneipe
In einem Restaurant
Im Büro
In der Fußgängerzone, am Schaufenster eines Elektrowarengeschäfts

Zu Hause, zusammen mit Ihrem Freund

Heikle Geschichte. Der gemütliche Fußballabend mit dem eigenen Mann bietet Vorteile, die nicht von der Hand zu weisen sind. So wissen Sie beispielsweise, wie es um die technischen Möglichkeiten Ihres Heimstudios bestellt ist, wo die Getränke stehen und wohin Sie sich gegebenenfalls zurückziehen können, wenn Ihnen das gezeigte Gekicke nicht zusagt. Und wir fürchten: Es *wird* Ihnen nicht zusagen. Denn, mal Hand aufs Herz: Sie sind ja nicht wirklich Fußballfan. Sie sind vielleicht ein Fan von sportlichen Großveranstaltungen, die Sie mit ebenso euphorisierten Uneingeweihten feiern können, wie Sie eine sind. Doch so eine Fußballeuropameisterschaft entwickelt die ihr eigene Dynamik und Energie ganz, ganz selten im geschmackvollen Vierzimmer-Altbau, allein mit dem eigenen Partner. Nein, der lustige Trubel, dieses sprudelige Gefühlsgemenge aus gespannter Erwartung, Ferrero-Küsschen-Cliquen-Feeling und marginalem Sachverstand entfaltet sich fast ausschließlich in größerer Runde. Wenn Sie es *darauf* abgesehen haben sollten, können Sie die »Nur-ich-und-mein Liebster«-Kiste schon mal abhaken. Was Sie hierbei bekommen, ist mit großer Wahrscheinlichkeit: eine neue Perspektive auf Ihren Partner ... Der Mann, der da vielleicht seit Jahren neben Ihnen einschläft und dessen Reaktionen Sie normalerweise auch im Wachkoma einschätzen könnten, entwickelt plötzlich ganz merkwürdige Eigenheiten ...

Hilfe! Wer ist dieser wortkarge, nervöse Typ im Fußballtrikot, der sich in Ihr Wohnzimmer geschlichen hat und aussieht wie der Kerl, dessen Bild Sie im Geldbeutel spazieren tragen? Der sich seit anderthalb Stunden öde Vorberichte eines Spiels ansieht und selbst einem Interview mit dem tschechischen Ballaufpumper mit andächtigem Gesichtsausdruck lauscht. Und der dann fragt, mit leichtem, somnambulen Flackern in den Augen: »Schatz, kannste mal ein paar Schnittchen machen?«

Sie wollen schon auflachen, hey, *guter Witz*, doch da bemerken Sie, dass ER schon gar nicht mehr hinsieht. DER meint es ernst. Sie sind perplex. Vermutlich nicht zum letzten Mal an diesem Abend. Lautes Geschrei, wilde Begeisterung, gebremstes Pöbeln, nackte Verzweiflung – in größerer Runde läuft das unter große Oper, unter nettes Gemeinschaftserlebnis. Genau das hat man bestellt, hier kann man sich anfreunden mit seiner Rolle in der Gemeinschaft: Ich feiere mit, also bin ich. Doch mit dem Schatz allein zu Haus wirkt diese hysterische Angstlust ohne die Spiegelung des Kollektivs schon deutlich primitiver, wie der unterentwickelte Code eines Primatenstammes, der mit dem aufrechten Gang noch seine liebe Not hat. Sie werden das vermutlich nicht sehr sexy finden, was Ihr Partner da veranstaltet. Der Sozialsound fehlt …

Nein, nein, es bleibt dabei: Sich ein wichtiges Spiel allein mit dem Partner anzusehen ist vergleichbar mit dem Konzept »Silvester allein in der Badewanne« oder »Weihnachten unter dem Tannenbaum, aber ohne Kinder« – irgendwie schon eine romantische Idee, aber in der Realität ein furchtbar armseliges Unterfangen. Wir raten ab.

Zu Hause, mit all Ihren Freunden

Einige Wochen vor der EM werden Sie feststellen, dass allmählich die langfristig geplanten Verabredungen versiegen. Diese so kostbaren Termine, die eine gewisse Vorbereitung erfordern, wie etwa: Opernbesuche (Zeit, um den Partner von der Notwendigkeit dieses Projektes zu überzeugen), Abendessen mit Paaren, die Kinder haben (Zeit, einen gemeinsamen Termin und einen Babysitter zu finden), Kinopremieren. Letzteres gibt es nicht mehr, weil kein Kinoverleih, der auch nur einen Mann im Saal haben will, so blöd ist, seinen Film während einer Europameisterschaft anlaufen zu lassen. Parallel zu diesem Phänomen wird die Zahl der Druckerzeugnisse wachsen, die als Bonus zum Kauf der Zeitschrift einen so genannten »EM-Fahrplan« versprechen. Und während Sie sich noch fragen, was die Zeitschrift *Rolle und Rute* mit Fußball zu tun hat (Anwort: Gar nichts, aber einen EM-Fahrplan hat sie trotzdem), beginnen die Anrufe: »Kommt Ihr zu Griechenland-Spanien? Das Eröffnungsspiel haben ja Tine und Lars. Das erste Halbfinale auch.« Ohne dass Sie es registriert hätten (wie gesagt, die Zeichen waren da), ist das Fußball-Dating zum gesellschaftlichen Nonplusultra geworden, und Sie sind außen vor. Wenn Sie Glück haben, bleibt noch irgendein Spiel übrig, zu dem Sie einladen dürfen, wahrscheinlich so etwas relativ Langweiliges wie Bulgarien-Schweden. Relativ langweilig sagen wir hier in aller Vorsicht, natürlich ist ein Großteil der Fußball schauenden Männer davon überzeugt, dass diese Kategorie bei einer Europameisterschaft überhaupt nicht existiert. Trotzdem wird es schwierig sein, bei Bulgarien-Schweden alle Ihre Freunde davon zu überzeugen, dass man dieses Spiel auf gar keinen Fall verpassen darf. Wahrscheinlicher ist, dass gerade dieser Abend in Ihrem Freundeskreis als Ausgleichsabend herhalten muss, an dem man »endlich mal was anderes macht«.

Während Sie also verzweifelt versuchen, so viele Bekannte wie nur irgend möglich in Ihr Wohnzimmer zu locken (»Wir haben auch dieses Nationalmannschafts-Bier«), wird Ihr Partner anfangen, die ganze Veranstaltung zu sabotieren. Er ist länger in diesem Geschäft und weiß, dass nichts einen Fußballabend schneller ruinieren kann als die falsche Mannschaftsaufstellung. Also: einer, höchstens zwei Menschen, die sich eigentlich nicht für den ganzen Kram interessieren. Zwei, allerhöchstens drei Menschen, die sich übermäßig für Fußball interessieren, weil sich bei diesen meist eine ausgeprägte Intoleranz über die Jahre eingestellt hat, und sie am besten nur noch ganz alleine Fußball sehen. Keine zu lauten Fans, keine zu leisen. Nicht zu euphorisch, nicht zu pessimistisch. Keine, die beim Essen schmatzen, niemand, bei dem ständig das Handy klingelt, egal, wo er ist. Keine Freunde mit Partnerschaftsproblemen, keine Paare, die ständig knutschen. Und, ehe Sie noch die bulgarische Nationalhymne besorgt haben (»So als Gimmick«), ist Ihr Adressbuch voller totaler Fehlbesetzungen für einen angenehmen Abend.

Geben Sie an diesem Punkt auf und gehen Sie in eine Kneipe.

Bei irgendeinem Ihrer Freunde auf der Terrasse

Das Ganze beginnt harmlos mit dem Aufruf: »Kommt doch mal raus zu uns.« Wahrscheinlich obliegt es Ihnen – wie üblich in einer Beziehung –, die sozialen Kontakte außerhalb Ihrer Zweisamkeit zu organisieren und zu verwalten. Deshalb: Überlegen Sie jetzt gut, ob Sie zu dieser scheinbar ungezwungenen Zusammenkunft mit ein wenig Fußballvergnügen auf der Terrasse Ihrer guten Freunde zusagen.

Klären Sie zunächst, wo das Ganze stattfinden soll. Infrage kommt: der Kleingartenverein, in dem sich Ihre hippen Freunde eine Parzelle gesichert haben, weil sie in irgendeiner Frauenzeitschrift gelesen haben, dies sei der allerletzte Schrei des Sommers: »Entschleunigung pur«. Eigentlich ein geeigneter Ort – hier wird sich niemand dran stören, wenn einer der Gäste in irgendeiner Form unfreundliche Ausfälle gegen die gegnerische Mannschaft tätigt. Schließlich darf »hier jeder, wie er mag«, wie Ihnen Ihre Freunde versichern. Sie werden sich vielleicht angesichts der imposanten Deutschland-Beflaggung fragen, ob das dieselben Menschen sind, die immer von der multikulturellen Atmosphäre ihrer Wohngegend schwärmen und gern von »ihrem« Türken und »ihrem« Portugiesen sprechen. Aber das muss Sie nicht stören. Sie können immer noch als subversiven Akt die Nationalhymne des Gegners mitschmettern.

Als Alternative ist auch ein allein stehender Bauernhof im Angebot (in der Immobiliensprache auch »Resthof« genannt). Auch geeignet, es sei denn, die Besitzer ziehen es vor, der Authentizität halber, Gänse zu halten. Die sind gern mal lauter als jede akustisch noch so gut ausgesteuerte Fankurve. Ansonsten stellt sich hier die einzig bedenkenswerte Frage, ob Ihr Partner angesichts des wichtigen Spiels die Nerven besitzt, über unzählige Kuhdörfer und schlecht asphaltierte Straßen anzureisen, um sich am Ziel den Blick auf den Fernseher mit einer beträchtlichen Anzahl Mücken und Fliegen zu teilen. Nicht zu empfehlen dagegen: Reihenhäuser am Rande von Großstädten. Hier legt man Wert auf distinguiertes Verhalten. Auch Sie möchten wahrscheinlich nicht, dass in nur 90 Minuten Ihr lang erarbeiteter Ruf als seriöser Nachbar von einer Horde grölender Menschen mit schlechter Flaggen-Bemalung im Gesicht zunichte gemacht wird.

Falls Sie selbst Gastgeberin des Tages sind: Am allerwichtigsten sind ausreichend vorhandene Verlängerungskabel. Schämen Sie sich nicht, dieses Thema bereits ein paar Tage vor der Übertragung anzusprechen. Jeder, der mal Zeuge der Situation »Männer lösen mit Hilfe des gesunden Menschenverstands Elektro-Probleme« war, wird es Ihnen ewig danken. Zweitens: Vergessen Sie die Idee, das Ganze mit einem Grillfest zu verbinden. Für etwaige Rauchschwaden, die den Bildschirm verschwimmen lassen, wird man allein Sie verantwortlich machen. Und: Sie werden den ganzen Abend am Grill stehen, obwohl ansonsten Männer es für ihr ureigenes Talent halten, rosiges Fleisch allmählich zu verkohlen.

Drittens: Halten Sie die Zahl der eingeladenen Kinder im überschaubaren Rahmen. Oder laden Sie zusätzlich einige kostengünstige Babysitter ein. Tun Sie dies zumindest dann, wenn Sie irgendein Interesse daran haben, auch nur eine Minute des Spiels zu sehen. Kinder finden ein Fußballspiel im Fernsehen erfahrungsgemäß nicht sonderlich spannend. Für die erforderlichen Disziplinierungsmaßnahmen wird man Sie auserwählen. »Geh doch mal mit den Kleinen nach hinten.«

Ein letzter Stolperstein auf dem Weg zu einem entspannten Abend: die 5-Liter-Eigenzapfanlage von einem »Ausstatter der Nationalmannschaft«. Zwar erscheint es kaum vorstellbar, dass Oliver Kahn mit Schürze bekleidet einen Zapfhahn anschraubt und sich mit Bier bespritzen lässt. Trotzdem inspiriert Männer jeder Sponsor-Aufdruck zum Kauf. Gleiches gilt für die Fünf-Liter-Chips-Tonnen. Seien Sie da nicht zu streng. Sie kaufen schließlich auch mal Make-up, nur weil es an Isabella Rossellini so toll aussieht. Allerdings bekommen Sie auch keinen Tobsuchtsanfall, wenn Sie danach *nicht* aussehen wie Isabella Rossellini. Vielleicht versuchen Sie im Vorfeld Ihren Partner in aller Ruhe von den Vorteilen des Flaschenbiers zu überzeugen.

Live im Stadion

Nehmen wir an, Sie gehen nicht oft zum Fußball, vielleicht nie. Und irgendjemand, wenn nicht sogar Sie selbst, hat irrsinnig viel Geld ausgegeben, damit Sie ausgerechnet in Portugal damit anfangen. Die größte Chance auf einen Platz im Stadion ist ein Pauschal-Arrangement eines Spezialanbieters, die bei Kartenkontingenten bevorzugt werden. Also haben Sie eine Stadtrundfahrt hinter sich, einen Begrüßungscocktail und sinnlose Freizeitangebote. Jetzt soll es losgehen. Teurer Spaß, erregendes Kribbeln, also großes Theater, denken Sie? Falsch. Die Sache beginnt mit einer Taschen- und Leibesvisitation, die sich gewaschen hat. Die UEFA hat Angst vor Terroranschlägen, deswegen hasst sie auch Wurfgeschosse jeder Art, egal ob Feuerzeuge oder Puderpinsel. (Die Tatsache, dass Sie schon den Armzug eines Speer-Weltmeisters haben müssten, um irgendeinen Beteiligten, und sei es den zweiten Zeugwart, zu treffen, interessiert irgendwie nicht.) Seien Sie froh, wenn Sie eine kleine Auswahl weicher Gegenstände bei sich behalten dürfen. Im alten Estadio de la Luz in Lissabon gab es sogar eine Regenschirm-Kammer, die vorher und nachher lange Schlangen generierte. Egal ob Stockschirm oder Knirps: keine Chance. Während der EM dürfte auch der Besitz von Zahnstochern kritisch werden. Für die Wartezeit kann es günstig sein, etwas einheimischen Stockfisch zum Kauen dabei zu haben. Rundet auch den Genuss der Getränke ab, die Sie selbstverständlich auch nicht mit ins Stadion nehmen dürfen. Wenn Sie denn sitzen (stehen ist leider schon lange abgeschafft worden bei Veranstaltungen dieser Größenordnung), gelten kaum noch Regeln: Lassen Sie Ihren Gefühlen, welchen auch immer, freien Lauf. Das ist einer der psycho-hygienischen Zwecke von Stadionbesuchen, sich gehen zu lassen und zu brüllen und zu zappeln, ganz nach Belieben. Bedenken Sie aber die Brennweiten von modernen elektronischen Kameras. Die können für Sie weit außerhalb der Sicht- und Wahrnehmungsweite sein, umgekehrt sieht man Sie porentief. Wenn es einem Regisseur gefällt, kaspern Sie vor Millionen herum, während die Lieben zu Hause vor Scham ins Sofa weinen. Eine kleine Besonderheit bei Länderspielen: Während der Nationalhymnen wird aufgestanden und ergriffen geguckt, als handele es sich um einen Staatsakt. Auch wenn Sie mit der lettischen Hymne nichts am Hut haben, sollten Sie nicht in der Nase bohren oder in die Tröte pusten. Viel wird davon abhängen, für welche Paarung Sie noch Karten bekommen haben. Unserer Erfahrung nach ist der Genuss am größten, wenn man mit beiden Ländern überhaupt nichts verbindet und das Ganze als ethnologische Feldforschung betrachten kann. Das erspart Ihnen auch jegliche alberne Gesichtsbemalung. (Im Ernst: Welcher Erwachsene – Rheinländer ausgenommen – schmiert sich gern schnell juckende Clownsstifte ins Gesicht?) Spätestens ab dem dritten Spiel der Vorrunde sind dann auch heulende Männer absolut garantiert. Und wenn wir uns etwas für Sie wünschen dürften, dann sicher eine Partie der französischen Mannschaft mitzuerleben. Neben dem hinreißenden Anfeuerungsruf »Allez les Bleus« singt dort gern die gesamte Kurve die eigene Nationalhymne. Ansatzlos, einfach so. Und da das schließlich immer die Stelle war, wo Frauen bei *Casablanca* unvermittelt anfingen zu weinen: Wenn Sie ein Stadion voller heulender Menschen wollen, sind Sie hier richtig.

Beinahe live, auf einer Großleinwand NEBEN dem Stadion

Natürlich will es dann keiner mehr gewesen sein. Wer hat noch behauptet, dass es auf dem Schwarzmarkt in Portugal auf jeden Fall noch Karten für die Spiele der deutschen Mannschaft geben wird? Jetzt sind Sie vor Ort, in Porto oder Lissabon und schauen wie Ihre besten fünf Freunde ganz schön verknittert aus der Wäsche. Es gibt keine Karten mehr. Nirgendwo. Dabei hätten Sie sich dieses Live-Erlebnis wirklich verdient. Sie sind mit einem Zug angereist, der schon deutsche Schlachtenbummler zum »Wunder von Bern« transportiert haben dürfte. Sie sind vom ständigen Alkoholkonsum und den derben Holzsitzen noch leicht benommen, doch Sie registrieren dankbar: Immerhin gutes Wetter. So muss man das doch auch mal sehen. Portugal ist ein tolles Urlaubsland ... Daran denken Sie ganz fest für ein paar Minuten, doch dann drängt sich das leidige Kartenproblem wieder in den Vordergrund: Es gibt einfach keine mehr. Immer noch nicht, endgültig nicht, nicht mal auf dem Schwarzmarkt. Das heißt, es gäbe da schon ein paar. Allerdings hätten Sie dafür vorher das Haus Ihrer Oma verscherbeln müssen. Und für so was ist sie einfach nicht zu haben.

Die »gute Nachricht« erreicht Sie in einem Moment tiefster Verzweiflung. Die wesensheiteren Vertreter Ihres Freundeskreises überbringen sie fast jubelnd: »Hey, die stellen eine Leinwand auf, direkt neben dem Stadion! Da können wir alles sehen und kriegen sogar noch die Atmo aus dem Stadion mit!« Toll. Na also. Besser als nichts. Denken Sie. Und überlegen, ob diese Nachricht tatsächlich ein Grund zum Jubeln ist.

Wir fürchten nicht. Es gibt, im Gegenteil, keinen anderen Ort auf der ganzen Welt, an dem das »Nicht-dabei-Sein« beim eigentlichen Event schmerzhafter erscheint als in dessen Ruf- und Hörweite. So nah dran an der Erfüllung des aktuell größten vorstellbaren Wunsches und doch so weit davon entfernt ... Und glauben Sie Sönke Wortmanns ansonsten wunderbarem Film *Das Wunder von Bern* in einem Punkt besser nicht: Sie werden *nicht* irgendwie ins Stadion reinkommen! Auch kreative Köpfe mit großer krimineller Energie scheitern meistens kläglich beim Versuch, unlegitimiert in ein vollbesetztes Stadion einzudringen.

Also stehen Sie nun eine halbe Stunde vor Spielbeginn auf einem morastigen Aschenplatz gleich neben einem Stadion, in dem es brummt wie im Zentrum einer Hornissenhöhle. Auf dem Aschenplatz brodelt und brummt noch gar nix, hier werden normalerweise Autos geparkt. Die Leinwand ist schon aufgebaut, doch sie entspricht keineswegs den neuesten technischen Anforderungen. Wenn Sie sehr viel Glück haben, werden Sie die beiden Mannschaften voneinander unterscheiden können, und was der aufgeregte portugiesische Moderator des unvermeidbaren lokalen Radiosenders sagt, der die Leinwand hier zu verantworten hat, können Sie ohnehin nicht verstehen. Das gilt übrigens auch für die Versuche einheimischer Merchandising-Spezialisten, die in großer Zahl um sie herumwuseln. Sie verkaufen orangefarbene Mützen mit Rastazöpfen dran, was weder die deutschen noch die 300 versprengten lettischen Fußballfreunde so richtig glücklich macht. Wohl ein kleiner Vertriebsfehler ... Nur die zahlreichen neutralen Zuschauer, die sich nach und nach auch hier auf dem Beinahe-Live-Parkplatz einfinden, schmücken sich mit den Insignien der holländischen Mannschaft – ihnen ist eh alles egal, außer dass Portugal Europameister werden soll!!! Das singen sie jedenfalls während des gesamten Spiels, das natürlich von ständigen Ausfällen der Leinwand überschattet wird – und vermutlich vom miesen Spiel der deutschen Mannschaft. Aber wenigstens DAS hätte man ahnen können. Stimmung kommt während der ganzen Spielzeit nur selten auf – zu viele Interessen auf zu kleinem Raum, und dann diese Technik. Während das Stadionpublikum schon fünf Sekunden vorher tobt und schreit, ist auf der Leinwand erst spät zu sehen, was zu so viel kollektiver Aufregung geführt hat …

Ungefähr 15 Minuten vor Spielende rücken dann portugiesische Polizisten der bis dahin friedlichen Szene auf den Leib und schlagen eine Bresche zwischen den rund 2 000 deutschen Fans, die so blöd waren, ohne Karte anzureisen, und den paar Letten, die es nach Südeuropa geschafft haben. Keiner weiß so recht, warum. Eine Präventivmaßnahme lesen Sie dann am nächsten Tag in einer deutschen Zeitung – falls Sie das Glück haben sollten, wieder deutschen Boden unter den Füßen zu haben. In diesem Polizeikessel werden Sie nach Spielschluss nämlich so lange festgehalten, bis alle Zuschauer aus dem Stadion den Weg zu den nahe gelegenen Verkehrsmitteln gefunden haben und die beteiligten Mannschaften schon im Bankettsaal sitzen. Aber immerhin werden Sie was zu erzählen haben, in ein paar Jahren: »Wisst ihr noch, wie wir alle in Portugal waren, damals, Deutschland gegen Lettland? Geil!«

Auf dem Rathausplatz Ihrer Stadt

Brot und Spiele braucht das Volk, das wussten schon die alten Römer. Deshalb haben die bundesdeutschen Politiker in der Regel nichts dagegen, dass während sportlicher Großveranstaltungen der schöne Platz vor dem städtischen Rathaus für ein paar Wochen zweckentfremdet wird. Dort, wo sonst Wahlkampfveranstaltungen, die Bundesleistungsschau »Nahrungsmittel im Wandel!« oder die Demo der Brummifahrer stattfindet, wird nun eine riesige Leinwand aufgebaut und ein »Event«-Zentrum kreiert. Was bedeutet, dass sich alle örtlichen Budenbetreiber von Gyros bis Poffertjes einfinden und binnen zwei Tagen diesen unverkennbaren Jahrmarktsdunst über den Platz legen. Das klingt ganz putzig, hat aber einen Nachteil: Das sieht nicht nur nach Kirmes aus und riecht auch so, nein – auch das Publikum, das sich zu solch einer Sause einfindet, hat dementsprechende Vorlieben. Hauptsache ist für die meisten, dass noch viele andere kommen werden und Stimmung machen … Viel Stimmung wiederum heißt: Der Moderator des Spiels – jeder Rathausplatz hat seinen eigenen! – stammt aus der örtlichen Privatradioszene und reißt müdere Witze als Rudi Carrell. Sein größter Ehrgeiz ist es, das Publikum dazu zu bringen, ungefähr 100 Mal am Abend die gefürchtete und fürchterlich dämlich genannte »La Ola«-Welle über den Platz zu treiben, auch wenn das gezeigte Spiel eher einen Massenselbstmord motivieren würde. Und schließlich gibt es noch eine große Horde von Jungs, die so eine Veranstaltung für einen Nebenschauplatz des Oktoberfestes halten. Sie singen und grölen, sie greifen vorbeihastenden Damen an alle möglichen Gewebezonen. Irgendwann hauen sie sich dann auch auf die Nasen, das steht dann am nächsten Tag in der Zeitung, zusammen mit einem kritischen Kommentar eines grün angehauchten Lokalredakteurs, der das alles gleich wusste. Falls Sie für derartige Vergnügungen offen sein sollten, stellen Sie sich besser auf den Open-Air-Festival-Effekt ein: Sie werden die Leinwand kaum erkennen können, Sie werden hin- und hergeschoben, man versucht Ihnen unnützes Zeug anzudrehen, und wenn Sie eine Toilette suchen, wird man für lange, lange Zeit nichts mehr von Ihnen hören.

In einer Szenekneipe

Seitdem es völlig in Ordnung ist, dass sich der gemeine Hipster auch für Fußball interessiert, stehen die Betreiber seiner gastronomischen Begegnungsstätten vor einem großen Problem: Wie können sie einerseits ihrer Fußball interessierten Klientel gerecht werden, ohne sich gleichzeitig mit der prolligen »Premiere Sportsbar« von nebenan gemein zu machen, die »Willis kleine Kneipe« heißt, oder mit Kneipen wie zum Beispiel »Omas Apotheke«, in denen der ökologische Restbestand aus den Achtzigerjahren abhängt? Meistens wird dann als Lösung ein kultureller Abgrenzungspfad gewählt, durch den sich der arglose Fußballkonsument zu schlagen hat. So ist es beispielsweise vorstellbar, dass zum Spiel Deutschland gegen Lettland ein paar lettische Avantgarde-DJs eingeladen werden, die einen vor, während und nach dem Spiel mit Elektrogefrickel aus Riga auf die Nerven gehen. Auch eine spezielle Getränkeauswahl, passend zum jeweiligen Spiel, wird gern gewählt, auch wenn das landestypische Gesöff im Land selbst nur von Viehhirten konsumiert wird. Thematisch passende Foto-Ausstellungen, Aufführungen von Folkloretanzgruppen,

Kickerturniere für einen guten Zweck oder »Beckham-Frisuren-Contests« – alles ist möglich in solch einem Laden, der ab 23 Uhr über Türsteher verfügt und sich bei der Preisgestaltung hauptsächlich an jungen solventen Erben orientiert. Das wäre ja alles halb so wild. Gegen ein bisschen Alibi-Kultur ist doch nichts einzuwenden, besser jedenfalls, als ein Fass Bier auf die Theke zu stellen und das schon zur Erlebnisgastronomie auszurufen.

Meistens korrespondieren die großen Event-Pläne aber nicht wirklich mit den technischen Gegebenheiten so einer In-Bar. Man hat zwar einen hochwertigen Videobeamer organisiert, aber den kann keiner vom Personal so richtig bedienen. Oder das formschöne Gerät ist so platziert worden, dass nur ungefähr 10 von 150 anwesenden Gästen freien Blick darauf haben, was zu ständiger Unruhe führt und ein wenig an die Reise nach Jerusalem auf dem Kindergeburtstag von Freunden erinnert. Das – vorwiegend weibliche – Personal findet Fußball zudem ganz schön »prollig« und hat auch noch nie was von professioneller Serviceleistung gehört. Und die Speisekarte in so einem Laden macht sie auch nicht glücklich – oder wollen Sie wirklich Hummer an Ziegenkäse essen, wenn Deutschland wieder ein Gurkenspiel abliefert? Außerdem werden Sie vermutlich keine Jungs hier drin finden, die wirklich mit Leib und Seele bei der Sache sind oder es zumindest für keinen Fehler halten, das durch uncoole Begeisterung zum Ausdruck zu bringen. Jungs mit Cojones! werden Sie hier zwischen Chill-out-Area und DJ-Kanzel beim Kickengucken nicht finden …

In einem Restaurant

Es ist eine mühsame Pflichtaufgabe für jeden Lokalreporter, während einer Europameisterschaft Restaurants aufzusuchen, deren Heimatländer am Turnier teilnehmen. Mühsam, weil man nach drei Wochen die Rubrik »Spezialitätenrestaurants« in den Gelben Seiten wirklich auswendig kann. Weil man dort im Zweifelsfall auch nur Menschen trifft, die lieber Fußball sehen als zehn Mal ihren mit 20 Konsonanten gespickten Nachnamen zu buchstabieren. Oder Menschen, die dort in Ruhe essen wollen. Oder Menschen, die zwar in einem griechischen Restaurant arbeiten, aber tatsächlich aus Pakistan kommen, sich wirklich einen Scheiß für Fußball interessieren und viel lieber über Cricket reden würden. Von dem Fußballspiel selbst sieht man traditionell eher wenig, da der Fernseher wahlweise sehr klein ist, über der Bar hängt und nur unter Inkaufnahme starker Nackenprobleme einzusehen ist. Oder sehr groß, dafür aber in der Küche steht.

Selbst bei Auslandsaufenthalten, ohne Fernseher auf dem Hotelzimmer, empfiehlt sich der Besuch eines Restaurants zum Fernsehgucken nicht vorbehaltlos. Die Autorin denkt heute noch mit Grauen an eine Studienfahrt 1990 nach Budapest zurück (wir erinnern uns, die deutsche Mannschaft wurde in Italien Weltmeister und von Franz Beckenbauer auf Jahre hinaus als unschlagbar eingestuft). Deutschland spielte im Achtelfinale gegen Holland, und 15 durchaus euphorisch gestimmte Oberstufenschüler wählten als Fernsehsessel die Stühle einer italienischen Pizzeria (soweit ich mich erinnere, eher wegen der billigen Weinpreise als wegen des WM-Kolorits). Statt eines bunten Abends entkam man nur knapp einer Saalschlacht. Die Italiener waren sauer, weil das Publikum nichts verzehren wollte, das deutsche Publikum war sauer, weil Völler angespuckt worden war und dafür vom Platz gestellt wurde, und leider war auch holländisches Publikum anwesend, das aus nahe liegenden Gründen sauer war (Endstand: 2:1 für Deutschland). Das ist die entscheidende Erkenntnis: Irgendjemand ist am Ende eines Fußballspiels immer sauer. Und da helfen dann auch Ouzo oder Ramazotti nicht weiter.

Im Büro

Die Zeit während der Fußball-EM können Sie sich am einfachsten als Adventszeit vorstellen, mit dem Eröffnungsspiel als ersten Advent und dem Endspiel als Heiligabend. (Ja, wir geben zu, ein kalendarisch nicht völlig korrekter Vergleich, aber Sie verstehen uns schon.) Diese leichte Hysterie, die in Ihrem eigentlich gesitteten Kollegenkreis um sich greift, ist nichts anderes als Vorfreude. Gepaart mit Stress. Welcher Termin ist so wichtig, dass man für ihn ein Gruppenspiel verpassen könnte, wie viele Urlaubstage kann ich einreichen, wo kann ich Leinwände mieten, wie funktioniert eigentlich ein Video-Beamer? Diese Fragen sind so unausweichlich wie der Regen an Weihnachten und die Frage, wie man die Feiertage mit Tante Lisa und Onkel Hans überlebt.

Selbst wenn Sie noch nicht registriert haben, wann die ganze Chose beginnt, werden Sie die Zeichen erkennen: Spätestens eine Woche vor Beginn liegt eine Excel-Tabelle mit einem Tipp-Spiel in Ihrem Postfach (»Drei Punkte für das richtige Ergebnis, einen Punkt für die richtige Tendenz. Wir tippen durch bis zum Endspiel.«). Drei Tage vor Start eine weitere Liste (»Wir tippen die Startaufstellung der deutschen Mannschaft. Pro richtigem Spieler einen Punkt«). 24 Stunden vor Start bekommen Sie MP3-Files mit den Nationalhymnen der teilnehmenden Länder zugemailt. Am Tag selbst hängen am Schwarzen Brett Ausrisse aus der *Bild*: »Deutschland freut sich: Endlich geht's los.«

Die Spiele werden beim Chef gesehen, der hat schließlich das größte Büro. Der Rest platziert sich nicht nach Bürohierarchie, sondern nach Fußballkenntnissen. Die Desinteressierten und Blasenschwachen nach hinten, die Trikotträger nach vorn. Einfachster Dialogeinstieg: »Was haben Sie getippt?« Oder: »Wo waren Sie beim letzten EM-Eröffnungsspiel?« Bleiben Sie – wenn Sie überhaupt reden müssen – stets eng beim Thema. Fragen wie »Und wie weit sind Sie mit Ihrem Projekt?« gilt es zu vermeiden. Lassen Sie sich nicht einschüchtern durch die Faktenhuberei der anwesenden Herren. Die haben vielleicht drei *Kicker*-Sonderhefte mehr gelesen als Sie. Das heißt nicht zwangsläufig, dass sie von dem Sport mehr verstehen als Sie. Und falls Sie das Spiel wirklich nicht interessiert, können Sie sich immer noch mikro-soziologischen Studien widmen. Weinende Männer sieht man ja nicht täglich.

In der Fußgängerzone, am Schaufenster eines Elektrowarengeschäfts

Sie kennen vermutlich die schwarz-weißen Fotos unserer Altvorderen, die sich früher, als alles »besser, aber viel ärmer war als heute«, gemeinsam vor dem einzigen Fernseher im näheren Umkreis getroffen haben. Der stand entweder bei einem reichen Bauern, in der Kneipe oder eben beim örtlichen Elektrohändler aus Werbegründen im Schaufenster. Damals war es ein nahe liegender Gedanke, sich dort mit Bierflasche und Butterbrot zu wappnen, um Augenzeuge der wichtigsten Ereignisse der Zeit zu werden. Heute hat längst jeder Bettelstudent seinen Sony in der Kammer. Es gibt also keine Notwendigkeit mehr, sich in aller Öffentlichkeit an der Fensterscheibe von »Elektro Zimmermann« die Nase platt zu drücken. Trotzdem ist dieses Phänomen immer wieder zu beobachten, gern in Fußgängerzonen, wo Zimmermann senior ungefähr 15 laufende TV-Geräte aufgestellt hat. Da stehen dann an einem hektischen Freitagnachmittag plötzlich 20 oder 30 nervöse Passanten an den Scheiben und können nicht anders. Falls es ein angenehmer Abend sein sollte, kein Regen droht und kein Termin Sie zwingt, weiter zu gehen – bleiben Sie einfach hier. Das ist nicht der schlechteste Ort, um ein Fußballspiel in respektabler Gesellschaft zu verbringen. Stellen Sie sich zu den Getriebenen, zu diesen wirklich harten Fans. Denn genau die (und nur die) sind es, die an diesem ungastlichen Ort vor ihrer Leidenschaft kapituliert haben und sich gegenseitig mit fachkundigen Kommentaren und gutmütigem Spott über die Verlegenheit ihrer gegenseitigen Anwesenheit hinweghelfen. Eigentlich dürften Sie gar nicht hier sein: Sie haben eine Arbeit, von der sie gerade nur eine kleine Pause machen, sie haben einen Termin, eine Familie, die auf sie wartet. Doch die Menschen, die Sie vor einem Fernseher fiebern sehen, der hinter einer Fensterscheibe eines Geschäfts flimmert, haben keine Wahl: Sie können einfach nicht anders. Sie werden hier keinen lauwarmen Freizeit-Fanatiker finden, keinen Trinker, der nur mal so aus Spaß mitfeiert, keinen Aufreißer, der die EM bloß als Vehikel für seine Beutezüge nutzt. Nein, hier in der Fußgängerzone ballen sich Sachverstand und Leidenschaft, und das generiert eine Atmosphäre der warmen Komplizenschaft. Leichter als hier werden Sie als Frau nirgendwo Anschluss finden, ohne bedrängt zu werden. Und wenn Sie dann nach 90 Minuten das Gefühl haben, dass hier 15 bis dahin weder befreundet noch bekannte Personen sich strahlend in die Arme fallen und glücklich sind, dann liegen Sie nicht mal so verkehrt. Probieren Sie es mal aus …

10 Sätze, die Sie auf jeden Fall vermeiden sollten!

Ich bin für Brasilien!

(Auch wenn Sie IMMER für Brasilien sind, wie Sie gern in großer Runde verkünden – bei einer EM hat diese sich selbst disqualifizierende Ansage nichts verloren.)

Hand! Das war doch ein klares Handspiel!?

(Das mag ja stimmen. Aber was ist daran auszusetzen – Olli Kahn macht nur seinen Job!)

Die haben aber schöne Hemdchen. Sind die von Prada?

(Vermutlich nicht. Die lettischen Spieler wissen garantiert nicht mal, wer oder was Prada ist. Und es heißt auch nicht *Hemdchen*!)

Oh. Der ist aber süß!

(Und wenn schon. Der Typ heißt Van Nistelrooy und schießt uns gerade aus dem Turnier, Sie Pfeife!)

Können wir mal ganz kurz zu den Tagesthemen umschalten?

(Während des EM-Viertelfinales, sagen wir: England gegen Deutschland, in der Verlängerung, dürfte diese vermeintlich harmlose Frage Sie in Lebensgefahr bringen.)

Was allein die Stadien gekostet haben ...

(Während des Eröffnungsspiels der EM möchte niemand etwas über das Haushaltsdefizit Portugals erfahren und darüber mutmaßen, was das für den kleinen Portugiesen auf der Straße bedeutet.)

Hier schreist du rum, und zu Hause kriegst du den Mund nicht auf!

(Es ist nicht angebracht, mögliche Kommunikationsdefizite in der Beziehung ausgerechnet während des Elfmeterschießens des EM-Halbfinales anzusprechen. Rechnen Sie nicht mit einer adäquaten Antwort oder Solidaritätsbekundungen befreundeter Parteien ...)

Guck mal, da ist ja auch Berti Vogts. Ist der nicht zu alt, um da noch mitzuspielen?

(Ein guter Moment, um den Begriff »ahnungslos« ganz neu aufzustellen: Zu sehen ist Otto Rehhagel, Trainer der griechischen Nationalmannschaft, im Trainingsanzug am Spielfeldrand. Wir empfehlen in Zweifelsfällen einfach mal das aktuelle Mantra von Dieter Nuhr: Wenn du wieder keine Ahnung hast – einfach mal die Fresse halten!)

Und ihr seid echt sicher, dass es keine schwulen Fußballer gibt?

(Nach einer x-beliebigen Jubelszene. Natürlich gibt es keine schwulen Fußballer. Das erklärt sich doch wohl von selbst ...)

Was bedeutet eigentlich noch mal dieses komische Abseits?

(AAARGGHH!)

10 Sätze, die eigentlich immer gehen!

Kann ich irgendwem noch ein Bier aus der Küche mitbringen?

(Aus nahe liegenden Gründen …)

Der Schiedsrichter pfeift doch schon die ganze Zeit gegen uns!

(Schiedsrichter auf der ganzen Welt pfeifen grundsätzlich gegen uns, egal, wer UNS eigentlich ist …)

Ramelow! Du bist so schle-hecht!

(Zu dieser Feststellung reichen fünf Prozent Sachverstand und fünf Prozent Timing, der Rest wird für gewöhnlich von Ramelow selbst übernommen.)

Mein Gott, was macht der Typ beruflich, der Rudi Völler die Haare geschnitten hat?

(Der Mann wird nicht ohne Grund »Tante Käthe« gerufen …)

Die wollen doch gar kein Tor schießen!

(Bei allen Spielen der Italiener.)

**Wenn wir Europameister werden,
tausch ich mein Trikot mit euch!**

(Sie werden endlich wieder mal in ein paar glänzende Herrenaugen blicken, und das Risiko, die Wette einlösen zu müssen, ist verschwindend gering ...)

Ich finde dieses Gelaber von der Dreier- oder Viererkette total überflüssig!

(Damit sprechen Sie einem Großteil auch der »sachverständigen« Männer aus der Seele, die in Wahrheit auch ihre Zweifel haben, ob sie diesen taktischen Winkelzug moderner Trainingslehre verstanden haben ...)

**Warum kann nicht mal Harald Schmidt
so ein Spiel kommentieren?**

(Nachdem Wilfried Mohren oder einer seiner stammelnden öffentlich-rechtlichen Kollegen wieder einen besonders einfältigen Spruch zum Besten gegeben hat.)

Schade, dass Österreich nicht dabei ist!

(Garantierter Lacher. Jeder findet die »Dösis« supi, denn die verlieren sogar gegen Deutschland noch deutlich.)

Kann mir nachher noch mal jemand von euch erklären, was »Abseits« bedeutet?

(Der Zeitpunkt macht den Unterschied. Prinzipiell nämlich lassen Jungs Sie gern an ihrem immensen Erfahrungsschatz teilhaben.)

2. Halbzeit

Noch mehr Wissen im Spiel

Die Mannschaften

Gruppe A

Portugal

Wie spielen die?
Ein Traum; wenn es gut läuft. Die aktuelle Spieler-Generation um den Weltstar Luis Figo kann unvergleichlich elegant und zugleich zielstrebig auftreten; sozusagen brasilianisch, aber ohne das Verspielte, dafür mit einer gewissen Grandezza. Das klingt nicht zufällig so, als könnte es auch aus dem Bericht über eine Modenschau stammen: Das sind die Maßstäbe, die Portugal setzt. Leider kann das alles auch fürchterlich nach hinten losgehen, wie bei der letzten WM in Asien: geflickter Ganzkörper-Krepp statt frei schwingender Eleganz. Figos Generation ist relativ alt, und sie hat ihre letzte Chance im eigenen Land. Hoffentlich kann sie trotzdem Haute Couture aufführen.

Was tragen die für Trikots und wie sieht das aus?
Die merkwürdige Farbkombination aus dunkelgrüner Hose, weinrotem Trikot und abgesetzten gelben Nähten

mit goldenem Nike-Swoosh sieht erstaunlicherweise an den Körpern der entscheidenden Herren recht gut aus: irgendwie wie ein goldenes Versprechen auf einen schönen Abend.

Welche Chancen haben die?

Große. Man achte auf das Gesicht von Figo beim ersten Abspielen der Hymne: Sieht er irgendwie verschleiert aus, als hätte er die ganze Nacht Fado gehört, dann wird es was.

Fachwissen zum Beeindrucken

- »2000 waren sie ja immerhin im Halbfinale. Und haben sich furchtbar gekloppt nach der Niederlage gegen Frankreich. Nuno Gomes war danach immerhin für acht Monate gesperrt.«
- »Billig ist das ja alles nicht: Die ganze Europameisterschaft kostet Portugal etwa fünf Milliarden Euro.«
- »Figo macht ja mit der Nationalmannschaft Schluss nach der Europameisterschaft. An Eusebio kommt er wohl nicht mehr ran. Der hat ja 41 Tore im Nationalteam erzielt.«

Mit wem kann man sich auch nach dem Spiel sehen lassen?

Alternativlos: Luis Figo. Spielt beim aufregendsten Verein (Real Madrid, wo auch Beckham spielt und wahrscheinlich alle Mitspieler mit Schönheitstipps nervt), hat es irgendwie geschafft, trotz Gel im Haar nie in die schleimige Abteilung abzurutschen. Hat eine Schwedin zur Frau, wahrscheinlich zum Niederknien hübsche Kinder und gibt offen zu, an Spanien die Siesta am sympathischsten zu finden. Und da wäre dann noch der Ausspruch von Marinho Peres, einem portugiesischen Vereinstrainer: »Figo ist ein Spieler mit brasilianischer Technik und deutscher Physis.« Wir finden, das klingt verheißungsvoll.

Luis Figo

Spanien

Wie spielen die?

Da gibt es erschütternde Parallelen zu Italien: Man hält sich selbst für die Größten, Real Madrid und FC Barcelona sind die prachtvollsten Vereine der Welt, und jeder einzelne Spieler ist ein Genie oder wird jedenfalls als solches verehrt. Wenn sie dann versagt haben – also meistens –, hebt ein großes Wehklagen an, das zum Glück rasch verebbt, weil es ja weiterhin Real und Barca gibt. Spanien spielt technisch brillant, hinten erbarmungslos, vorne inspiriert – und die Mischung dieser erfreulichen Eigenschaften ergibt in der Regel Mittelmaß. Immer Mit-Favorit, und nie wirklich ganz vorne. Was das Verhältnis von spielerischer Ansehnlichkeit (groß) und Ertrag (gering) angeht, sind die Spanier das genaue Gegenteil der Deutschen – was sie ja wieder recht sympathisch macht.

Was tragen die für Trikots und wie sieht das aus?

So strahlend rote mit blauen Hosen. *Adidas* hat sich leider nicht zu einem Einsatz von eng anliegenden Leibchen hinreißen lassen, deshalb kann man bis zum Trikottausch die Körper unter den teuren Multifunktionsstoffhüllen nur erahnen. Das ist bedauerlich. Ansonsten: klassisch gut.

Welche Chancen haben die?

Spanien hat immer gute Chancen, einen guten Eindruck zu machen und zu früh auszuscheiden. Sie werden beleidigt sein, weil trotz der kurzen Anreise nur relativ wenige Fans da sind.

Fachwissen zum Beeindrucken

- »Der Trainer weiß ja eigentlich, wie es geht: Sáez hat als Coach immerhin 1998 die U-21-Europameisterschaft gewonnen.«
- »Mit Turnieren im eigenen Land haben sie ja gemischte Erfahrungen: 1964 sind sie zu Hause Europameister geworden, aber 1982 bei der WM haben sie nur ein Spiel gewonnen.«
- »Rául hat ja seinen Sohn Jorge nach Jorge Valdano benannt: Du weißt schon, dem argentinischen Weltmeister von 1986 und heutigen Manager von Real Madrid.«

Mit wem kann man sich auch nach dem Spiel sehen lassen?

Wir möchten nicht den Eindruck erwecken, wir hätten nur was für die Stars eines Teams übrig, aber auch bei

Spanien fällt die Wahl auf den prominentesten Vertreter: Raúl González Blanco, kurz: Rául. Wie Figo und Beckham bei Real beschäftigt (also: unfassbar reich). Im Gegensatz zu Figo optisch eher aus der Abteilung »spitzbübisch«, aber nicht minder hübsch. Vor allem im Vergleich mit seinen eher grobknochigen Kollegen aus der Nationalmannschaft.

Raúl González Blanco

Griechenland

Wie spielen die?

Wie die Italiener, nur schlechter. In der Qualifikation haben die Griechen mit zwei Niederlagen gegen Spanien und die Ukraine begonnen, aber danach hat sich Otto Rehhagel – Ex-Anstreicher und Bundesligatrainer – offenbar an seine alte Erfolgstaktik erinnert, nämlich die kontrollierte Offensive. Dann hat er das Wort Offensive einfach durch Defensive ersetzt und begonnen, Spiele zu gewinnen. Bei Otto wuseln viele lauffreudige junge Griechen vor dem eigenen Strafraum herum und sind in erster Linie damit beschäftigt, Tore zu verhindern. Getreu dem Trainer-Mantra »Vorn werden Schlachten gewonnen, aber hinten Kriege!«, spielte Griechenland seitdem erfolgreich. Sechs Spiele in Folge kassierten die Griechen kein Gegentor, gewannen vier Mal mit 1:0. Viel Angriffsfreude wird da auch in Portugal nicht aufkommen, zumal König Otto manchmal sogar auf ein 5:4:1-System zurückgreift. Eine Viererkette PLUS zusätzlichem Libero – das hat es selbst im alten Rom nicht gegeben. Damit spielt Griechenland den unmodernsten Fußball, der bei der EM zu bestaunen sein wird.

Was tragen die für Trikots und wie sieht das aus?

Blaue Hosen, blaue Stutzen und blaue Trikots, wobei ein weißer Brustring auf den Hemden ein wenig an eine moderne Sträflingsausstattung erinnert. Dieser Eindruck wird durch die Nummern mitten auf der Brust noch verstärkt. Trotzdem: nicht so übel!

Welche Chancen haben die?

Geringe. Sehr geringe. Die Griechen dürften mit ihrer Einigel-Taktik selbst bei den Spielen gegen Spanien und Russland vor neutralem Publikum nicht allzu viel Unterstützung erfahren. Wir tippen sicher auf: Vorrunde raus.

Fachwissen zum Beeindrucken

Die Griechen haben noch nie ein Spiel bei einer Europa- oder Weltmeisterschaft gewonnen. Ein Unentschieden bei der EM 1980 gegen Deutschland war das höchste der Gefühle. Überhaupt waren sie erst zwei Mal für ein derartiges Turnier qualifiziert: eben 1980 und dann noch 1994 bei der WM in den USA – aber dort haben sie alle drei Vorrundenspiele verloren.

Mit wem kann man sich auch nach dem Spiel sehen lassen?

Eine große Auswahl haben Sie nicht ... Offenbar haben die attraktiven Griechen alle Dienst in den heimischen Tavernen. Wir empfehlen den Fußballdeutschen Angelos Charisteas, der hat blitzende Augen, einen ansehnlichen Körper, schöne, schwarze Löckchen und kann immerhin schon ganz passabel Deutsch, weil er seit zwei Jahren für Werder Bremen kickt.

Angelos Charisteas

Russland

Wie spielen die?

Wundertütenfußball! Die Zeiten, in denen russische Mannschaften perfekt einstudierten Fußball der Marke Schema-F spielten, sind vorbei. Das hat Vor- und Nachteile, was man auch an der Berg- und Talfahrt der russischen Mannschaft in der EM-Qualifikation ablesen kann. Technisch gut ausgebildet sind die Russen immer noch, was aber nicht heißt, dass sie dadurch zwangsläufig auch taktisch und konditionell auf der Höhe des Geschehens sind. Mitunter brillieren sie mit technisch anspruchsvollem Direktspiel, dann schleppen sie sich im nächsten Spiel schon wieder unmotiviert und orientierungslos über den Platz.

Was tragen die für Trikots und wie sieht das aus?

Weißer Grund bei Hosen und Stutzen, dazu blaue, asymmetrische Einsprengsel sowie Wappen auf Hose und Brust in Lila-Gold. Alles in allem sehen die Russen aus wie die Auswahlmannschaft vom Kampfstern Galactica, also nicht unbedingt gut. Offenbar hat der Designer dieser Trikots die asymmetrische New-Wave-Phase in den frühen Achtzigerjahren nie ganz überwunden.

Welche Chancen haben die?

Das ist bei den Russen immer schwer zu sagen. Es hängt viel von der Tagesform ab und davon, ob der bei Celta Viga in Spanien spielende Altstar Mostovoi noch einmal in die Puschen kommt oder ob die Minibar im Spielerhotel rechtzeitig geleert worden ist. Wir tippen: Ganz enge Entscheidung im Kampf um den Einzug ins Viertelfinale mit Spanien, und dann klappt es ... nicht!

Fachwissen zum Beeindrucken

Vier Mal schon standen die Russen im Endspiel einer Europameisterschaft, so oft wie keine andere Mannschaft seit 1960. Keine andere Mannschaft? Doch, natürlich – Deutschland war auch vier Mal im Finale. Ein Mal, 1972, trafen sich die beiden Mannschaften im Endspiel – Deutschland gewann mit der spielerisch angeblich besten Mannschaft, die je in Schwarz-Rot-Gold antrat mit 3:0. Nur ein Mal konnten die Russen ein Endspiel gewinnen: 1960 gegen Jugoslawien mit 2:1.

Mit wem kann man sich auch nach dem Spiel sehen lassen?

Unbedingt Aleksandr Kerzhakov. Lernen Sie seinen Namen auswendig und verschaffen Sie sich einen entscheidenden Insidervorsprung, denn der junge russische Stürmer ist erst 21 Jahre alt. Früher oder später wird er in Westeuropa spielen, und er sieht jetzt schon aus, als ob er bei der Reunion von *Take That* die Rolle von Mr. Williams einnehmen könnte …

Aleksandr Kerzhakov

Gruppe B

England

Wie spielen die?

Nur ein Wort: männlich. Das hat gute Seiten, weil etwa schauspielerisch ambitionierte Foul-Darsteller (um einen Freistoß oder Elfmeter zu bekommen) oder Schmerzmimen (damit der Gegenspieler eine Verwarnung bekommt) als unwürdige Memmen gelten. Der Engländer steht kommentarlos wieder auf, wenn nicht definitiv etwas gebrochen ist; manchmal auch dann. Auf die Spielkultur übertragen heißt »männlich«, dass alles Verspielte, Gekünstelte und auch Filigrane nicht zu den Kerntugenden zählt. Zwar ist das traditionelle *kick and rush* (nach vorne bolzen und hinterher rennen) inzwischen nicht mehr dominierende Taktik, doch sonderlich subtil spielt England immer noch nicht. Meist auch nicht besonders erfolgreich.

Was tragen die für Trikots und wie sieht das aus?

Der Engländer trägt ein weißes Trikot mit blauer Hose und weißen Stutzen, und irgendwo über dem Herzen das Wappen mit den drei Löwen. Das alles von *Umbro*, einer englischen Sportmarke, die neben den Nationalteams von England und Schottland noch Manchester United und Galatasaray Istanbul ausstattet. Anders gesagt: Zu globaler Größe hat es die Firma nicht gebracht. Dabei ist das Trikot recht formschön. Und: Man sieht sofort, ob die Jungs bereit sind, sich richtig schmutzig zu machen.

Welche Chancen haben die?

Sollten in der Gruppe Zweiter hinter Frankreich werden. Danach wird es knapp für die Boys. Unbedingt zu vermeiden: Elfmeterschießen. Geht für sie traditionell nicht gut aus, und es würde David Beckham die Chance eröffnen, wieder (wie in der Qualifikation gegen die Türkei) einen Elfmeter fast senkrecht in die Luft zu schießen.

Fachwissen zum Beeindrucken:

- »Der Trainer war ja selbst nur ganz kurz Profi. Beim schwedischen Zweitligisten KB Karlskoga. 1975 war dann Schluss. Wegen einer Knieverletzung.«
- »Gegen Gruppengegner Frankreich haben sie ja schon mal richtig hoch gewonnen – 6:0. War allerdings auch 1927.«
- »Wann war noch mal Beckhams erster Einsatz für die Nationalmannschaft? Ach ja, am 1. September 1996. Gegen Moldawien. Hat England klar gewonnen: 3:0.«
- »Richtig viel haben die ja noch nicht gerissen bei Europameisterschaften: nur ein Mal im Halbfinale und schon vier Mal in der Qualifikation gescheitert.«

Mit wem kann man sich auch nach dem Spiel sehen lassen?

Auf keinen Fall mit Beckham, der hat ja gerade den Elfer verschossen. Im Ernst: Beckham und seine magere Victoria sind so jenseits von Gut und Böse (Stichworte wie: »Sohn nach Ort benennen, an dem er gezeugt wurde«, »eigens gefertigte Kronen an der Hochzeit tragen« und »Ich trage gern ihre Unterwäsche« sollten reichen), dass sie aus der Ferne betrachtet schon wieder lustig sind. Der Engländer ist dagegen immer noch ein bisschen empört, dass Beckham jetzt in Spanien spielt. Und bestellt T-Shirts mit der Aufschrift »Bored of the Beckhams«. Wir empfehlen für einen lustigen Abend eher Michael Owen. Verdient auch recht gut (um die neun Millionen Euro im Jahr), steht wie die Queen auf Pferdewetten und hat einen kompletten Straßenzug aufgekauft, für sich und seine Familie. Und mal ehrlich: Will man wirklich jeden

Abend auf solchen Jet-Set-Partys rumhängen und sich jeden Tag Sorgen machen müssen, ob der eigene Typ nicht die geilere Frisur hat? Dann doch lieber mit Michael auf die Pferderennbahn.

Michael Owen

Schweiz

Wie spielen die?

Vier Sprachen und vier Kulturen in einem Land: das muss ja eine spannende Mixtur sein. Okay, von rätoromanischen Nationalspielern ist nichts bekannt, aber Fußballer mit deutscher, italienischer und französischer Muttersprache sind ja bunt genug. Ein charakteristischer Stil ergibt sich daraus nicht; die Schweiz spielt sozusagen paneuropäisch, man könnte auch »neutral« sagen. Den stärksten Schub erhielten sie übrigens durch Spieler türkischer Muttersprache: die Brüder Murat (Abwehr) und Hakan (Angriff) Yakin sind die eigentlichen Stars des Teams. Während Murat noch beim FC Basel spielt, wechselte Hakan zwischenzeitlich zum VfB Stuttgart.

Was tragen die für Trikots und wie sieht das aus?

Der Schweizer trägt ein rotes Trikot mit weißer Hose und roten Stutzen. In den Neunzigerjahren wurde die Schweiz ja zeitweilig als Designland gehandelt, was man den Trikots jedoch nicht ansieht. Die sind brav von Puma, mit einem leichten Retro-Kragen. Retro, nicht Räto.

Welche Chancen haben die?

Krasser Außenseiter. Schon in den Gruppenspielen ist guter Rat teuer. Das *Wunder von Bern* heißt ja wegen des zufälligen Schauplatzes so, nicht wegen des wunderbaren Potenzials der Schweizer. »Ihre Schweizer …«, sagt Delling immer zu Netzer, der dort wohnt. »Hat nicht ganz gereicht«, wird Netzer antworten.

Fachwissen zum Beeindrucken

- »Vielleicht müssen die einfach noch ein paar Jahre warten – immerhin hat ihre U-17 2002 die Europameisterschaft gewonnen.«
- »Mit Chapuisat wusste der Trainer Köbi Kuhn ja nicht so richtig: Erst schmeißt er ihn bei seinem Amtsantritt 2001 aus der Mannschaft, dann holt er ihn zur EM-Qualifikation wieder ins Team.«
- »Die waren ja bisher erst einmal bei einer EM – 1996. Aber 1924 standen sie immerhin im Finale des Olympischen Turniers. Haben dann zwar gegen Uruguay verloren, aber wurden im Anschluss gern Europameister genannt.«
- »Wusstest du, dass die Schweiz eines von nur sieben Gründungsländern der FIFA ist? Der Hauptsitz der FIFA ist ja auch noch immer in der Schweiz.«

Mit wem kann man sich auch nach dem Spiel sehen lassen?

Wir empfehlen Hakan Yakin. Der ist von so vielen Fußball-Fachfrauen umgeben, dass er nie auf die Idee kommen würde, zu fragen, was Frauen beim Fußball wollen. Mutter Emine Yakin reiste ihm und Bruder Murat bis ins türkische Trainingslager nach. Und Managerin und Besitzerin seines Exklubs FC Basel ist Gigi Oeri, die erste Frau, die einen Champions-League-Verein leitet. Und er verspricht in einem Schweizer Interview: »Ich kann auch gut über Kleider, Mode, Filme und Lifestyle diskutieren.« Das ist doch ein Anfang.

Hakan Yakin

Frankreich

Wie spielen die?

Wie die vier Tenöre im Vergleich zu den Gewinnern von *Deutschland sucht den Superstar* oder wie das Dream-Team der Amerikanischen Basketballliga, wenn sie gegen den Rest der Welt antreten müssen: irgendwie lässig, tendenziell pomadig, aber immer: genial. Jeder Franzose kann mehr als sein Gegenüber auf der gleichen Position, und zu alledem stolzieren mit Henry, Trezeguet und vor allem Zinedine Zidane Spieler über den Platz, für die das Attribut *begnadet* von keinem wirklichen Kenner bestritten werden dürfte. Frankreich spielt Fußball, wie Symphonieorchester musizieren. Und da die Franzosen bei der WM aus unerfindlichen Gründen und zum schlechtmöglichsten Zeitpunkt eine desaströse Krise durchgemacht haben, dürfte die französische Mannschaft auch noch topp motiviert nach Portugal reisen. Das wird ein Fest! (Außer für die gegnerischen Mannschaften.)

Was tragen die für Trikots und wie sieht das aus?

Keine albernen Experimente bei den Freunden der Haute-Couture: weiße Hose zum traditionell blauen Trikot, der gallische Hahn auf der Brust und rote Seitenstreifen auf Trikot und Hose. So kennt man die Franzosen, und so mag man sie auch anschauen.

Welche Chancen haben die?

Frankreich hat zwei große Chancen: 1. Europameister zu werden. Sie sind allerdings nicht nur mit, sondern auch *wegen* Zinedine Zidane absoluter Topfavorit: 2. Sich zu blamieren. Und alles andere als der Einzug zumindest ins Endspiel der EM wäre eine Blamage. Und das wäre im Verständnis des französischen Fans eine Blamage zu viel.

Fachwissen zum Beeindrucken

Vor vier Jahren stand schon eine Reihe der derzeitigen Spieler im Aufgebot der französischen Mannschaft, die in Holland Europameister wurde, unter anderem Henry, Trezeguet und Zidane. Doch so überlegen, wie es im Rückblick scheint, war die *Equipe tricolore* gar nicht: In der Vorrunde verlor Frankreich gegen die Niederlande mit 3:2, und auch im Endspiel lag lange Zeit die italienische Mannschaft vorn. Erst in der 90. (!!), also allerletzten Spielminute erzwang Stürmer Wiltord mit dem Ausgleich eine Verlängerung des Spiels, in der Trezeguet schließlich den Sieg der Franzosen perfekt machte.

Mit wem kann man sich auch nach dem Spiel sehen lassen?

Da gibt es bei unseren französischen Nachbarn mehrere Kandidaten, auch nachdem der blonde Zopfträger Petit keine Rolle mehr in der Nationalmannschaft spielt. Wir plädieren für Thierry Henry, wobei der gazellengleiche Laufstil und das Tempo des in London kickenden Franzosen in einer Bar natürlich weniger ins Gewicht fallen. Aber die coole Art des Stürmers, sein nachgewiesener Geschmack in allen modischen Fragen und nicht zuletzt der jungenhafte Schalk, der in seinen Augen aufblitzt, wenn er mal wieder allen Gegenspielern davongerannt ist, dürfte auch an allen Theken dieser Welt punkten …

Thierry Henry

Kroatien

Wie spielen die?

Nach vorn technisch ansprechend und ansehnlich, nach hinten wie die Fuhrkutscher. Kroatiens Kicker gehören traditionell nicht zu den zart besaiteten Vertretern ihrer Zunft, wenn nötig, haben die Jungs in den weiß-roten Rautentrikots schon immer gern mal den Gegner mit dem Ball verwechselt. Die goldene Generation der Kroaten mit Suker, Boksic und Prosinecki ist inzwischen zurückgetreten, und die ganz großen Spieler sind nicht nachgewachsen. Das ist dem Spiel der Kroaten anzumerken: Ein eindrucksvolles, Furcht einflößendes System fehlt dem Team, in dem jetzt Spieler wie die Kovac-Brüder den Ton angeben und sogar motorisch eher unbegabte Kanten wie Hertha-Profi Simunic mitspielen dürfen.

Was tragen die für Trikots und wie sieht das aus?

Es kann nicht gesund sein, lange auf die Trikots der Kroaten zu schauen. Die weißen Hosen sind ja noch okay, aber die weiß-roten Quadrate auf den Hemden verursachen bei längerer Betrachtung Schwindelgefühle – vielleicht ein weiteres Indiz dafür, dass die Kroaten das Buch von Ex-Tennisprofi Brad Gilbert gelesen haben: *Winning ugly*.

Welche Chancen haben die?

Wenn alles mit rechten Dingen zugeht und der Fußballgott gerecht ist, dann werden die Kroaten die Vorrunde nicht überstehen. Wir tippen: Gruppenletzter!

Fachwissen zum Beeindrucken

Der Trainer der Kroaten heißt Otto Baric, was zumindest in Stuttgart Erinnerungen weckt: In der Saison 1985/1986 wirkte »Otto Maximal« (so der Spitzname) als Cheftrainer der Bundesligatruppe. Allerdings nicht mit maximalem Erfolg: Die unorthodoxen Methoden des Fußballlehrers, der in Österreich seine größten Erfolge feierte, führten in Stuttgart schon im März 1986 zu seinem Rauswurf.

Mit wem kann man sich auch nach dem Spiel sehen lassen?

Er ist bereits 29 Jahre alt, aber viel gehört hat man noch nicht von diesem Mann. Nachdem er aber Kroatien durch sein entscheidendes Tor gegen Slowenien überhaupt erst nach Portugal gebracht hat und neuerdings neben Weltstar Morientes beim AS Monaco im Sturm spielt, hat er sich einen gewissen Namen erkickt. Auch wenn man den nicht aussprechen kann: Dado Prso. Für junge Damen mit einem Hang zu Ibiza-Beaus mit Pimp-Appeal und gegeltem Haarzopf dürfte der Kroate auch außerhalb des Spielfelds eine gute Entscheidung sein …

Dado Prso

Gruppe C

Dänemark

Wie spielen die?

Wer Fußball mag, liebt Dänemark: weil sie das den anderen Skandinaviern eigene, wikingerhaft-sture Element mit einem gewissen Esprit versehen können. Eigentlich zehren die Dänen immer noch von 1992, als sie (wegen des Jugoslawien-Boykotts) kurzfristig zur EM eingeladen wurden und sozusagen als Nebeneffekt einer dreiwöchigen Pool-Party Europameister wurden. Ihr Trainer Morten Olsen, der Stratege der großartigen 80er-Jahre-Mannschaft, vereint alle Widersprüche in sich selbst: als Spieler von geradezu erhabener Abgeklärtheit, als Trainer gewitzt und mit Sinn für Schönheit. Dazu gibt er die langweiligsten Interviews, die man sich vorstellen kann. Komische Mischung, interessantes Resultat. Besonderheit: die Rolle der Altstars. Dänische Idole (Henning Jensen, Fleming Povlsen und ganz viele andere) haben die Neigung, nach ihrer Fußballkarriere in unbedeutenden Orten so etwas wie Postbote oder Fischer zu werden. Glamour? Fehlanzeige.

Was tragen die für Trikots und wie sieht das aus?

Auch hier kein Glamour (Rot-Weiß-Rot, nicht sehr überraschend), dafür aber eine faszinierende Tradition: Der Ausstatter *Hummel* bezeichnet sich als den ältesten Sportausstatter der Welt. Im dänischen Fußball quasi ein Monopol-Unternehmen, brachte man es außerhalb des Königreichs immerhin noch zur Ausstattung eines japanischen Klubs (Yokohama FC), eines französischen (RC Strasbourg) und des gesamten tibetischen Fußballs. Deren Nationaltrikots sehen übrigens richtig gut aus.

Welche Chancen haben die?

Können ins Viertelfinale kommen. Schon das würde die mitgebrachte rote und weiße Schminke der Fans aufbrauchen. Danach müssten sich – wenn sie keine Vorräte haben – portugiesische Profi-Clowns etwas anderes einfallen lassen.

Fachwissen zum Beeindrucken

- »Jon Dahl Tomasson ist ja auch in der Nationalmannschaft recht erfolgreich – aber an Poul »Tist« Nielsen kommt er nie ran: Der hat in der Nationalmannschaft 52 Mal getroffen, und das in nur 38 Spielen zwischen 1919 und 1925.«
- »Haben ja viele gedacht, dass nach Peter Schmeichel jeder im Tor versagen würde. Aber Thomas Sørensen kriegt es gut hin. Eigentlich kein Wunder: In der englischen Premier League hält er immerhin den Rekord an Zu-Null-Spielen.«
- »Der Trainer selbst hat ja unglaublich lange gespielt: Bei seinem letzten Länderspiel war er fast vierzig. Das war 1989.«
- »Als Co-Trainer macht sich Michael Laudrup ja ganz gut. War auch schon immer Dänemarks Liebling: Der ist ja schon 1982 als 18-Jähriger zu Dänemarks Fußballer des Jahres gewählt worden.«

Mit wem kann man sich auch nach dem Spiel sehen lassen?

Unsere Wahl wäre Jon Dahl Tomasson. Nicht nur, dass der Mann einen Exklusiv-Vertrag mit *Hummel* hat und Sie auch mit diesem Super-Dänischen-Sport-Zeug ausstatten wird, dazu zeichnet ihn diese spezielle dänische Frische in Auftritt und Gestalt aus, und er spielt immerhin beim AC Mailand. Heißt für Sie: jede Menge Schuhgeschäfte, in denen man Sie begeistert empfangen wird, weil Sie die Frau an Tomassons Seite sind.

Jon Dahl Tomasson

Italien

Wie spielen die?

Was soll man sagen: große Oper. Italien, das ist einerseits betonharter und darob berüchtigter Systemfußball, andererseits theatralische Einzelgänger, kleine Buffos und große Helden. Das ganze Theater wird geleitet von Giovanni »Habe fertig« Trapattoni, der den feinen Maestro unter lauter kapriziösen Tenören gibt. Um Italien zu verstehen, muss man den Gesichtsausdruck von Filippo

Inzaghi gesehen haben, wenn er nach einem an ihm verübten Foul aufsteht: Schmerz, Fassungslosigkeit, Vorwurf, Selbstmitleid – all das spiegelt sich in seinem Gesicht. Man möchte ihn würgen. Objektiv betrachtet zeichnen Italien stets glanzvolle Einzelspieler und eine ausgefeilte Taktik aus. Warum sie nicht jedes Turnier gewinnen, an dem sie teilnehmen – das verstehen sie selbst am wenigsten. Im Zweifel wurden sie von den Schiedsrichtern betrogen (bei der WM 2002 stimmte das wirklich), und schon kann wieder ganz großes Theater aufgeführt werden.

Was tragen die für Trikots und wie sieht das aus?

Wundervolle, fantastische, grandiose. Weiche, geschmeidige. Eng an italienische Fußballer-Körper geschmiegt, machen diese azurblauen Kappa-Trikots aus jedem durchtrainierten Spieler einen Mann, dem man das Trikot sofort ausziehen möchte. Großer Nachteil: sind überhaupt nicht mit Bier- oder Pastabäuchen kompatibel. Deren Besitzern kann man das Trikot schon deshalb nicht ausziehen, weil sie es überhaupt nicht erst anbekommen.

Welche Chancen haben die?

Gehören natürlich ins Halbfinale. Es sei denn, der Sicherheitsfanatiker Trapattoni nominiert in letzter Minute zwei unbekannte Vorstopper und wechselt die unabhängig vom jeweiligen Spielstand in der zweiten Hälfte immer ein.

Fachwissen zum Beeindrucken

- »Mit ihrer Verteidigung geben die ja zu Recht an: In der Qualifikation sind sie 524 Minuten ohne Gegentor geblieben.«
- »Abergläubisch ist der Nesta ja nicht: Der hatte immer die Nummer 13 auf dem Rücken.«
- »Francesco Totti ist ja nicht ganz so helle. Als ein Reporter mal zu ihm sagte, er solle doch mehr nach dem Motto *carpe diem* handeln, antwortete Totti: ›Ich verstehe kein Englisch.‹«
- »Trapattoni hat als Trainer ja schon einiges gerissen: Allein mit Juventus Turin, seinem zweiten Verein als Trainer, hat er sechs Mal die italienische Meisterschaft gewonnen. In nur zehn Jahren.«

Mit wem kann man sich auch nach dem Spiel sehen lassen?

Da gibt es eine relativ große Auswahl. Die italienischen Herren haben schon vor mehreren Jahren beschlossen, dass die Zeit wieder reif ist für Langhaar-Frisuren, und tragen nun ihr glänzendes Haupthaar gern mit einem Haarband gebändigt. Das kann schnell mal ganz schlimm aussehen: Bei Italienern tut es das erstaunlicherweise nicht. Eine sichere Wahl scheint uns Alessandro Nesta: als Verteidiger nicht ganz so mimosenhaft wie seine Kollegen del Piero oder Inzaghi (mal ehrlich, wer will denn einen ewig maulenden Typen zu Hause haben?), und dazu noch das schon erwähnte glänzende Haar. Nesta ist 2002 von Rom nach Mailand gewechselt, sieht aber immer noch so aus wie ein Römer: Geradezu wie eine aus Marmor gehauene Statue. Nur dass man mit ihm auch spielen darf.

Alessandro Nesta

Schwedeln

Wie spielen die?
Typisch skandinavisch, also eher englisch und taktisch ziemlich deutsch ... Häh? Na, der Schwede läuft viel, grätscht viel, haut den Ball hoch in die Hälfte seiner Gegner und schiebt sich die Bälle mit der Innenseite zu, damit er auch auf Nummer sicher da ankommt, wo er hin soll. Der Schwede hofft, dass er mit Ordnung, Disziplin und kerniger Manneskraft Spiele gewinnt, die er eigentlich nicht gewinnen kann. Aber Fußball ist ja nicht gerecht: Wenn Schweden gegen eine südeuropäische Mannschaft spielt, dann muss man sich das in etwa so vorstellen, als würden elf alpine Skifahrer auf der einen und elf Schneebagger auf der anderen Seite stehen ... Und die Schweden sind nicht diejenigen, die auf Skiern stehen ... (Übrigens gilt alles, was hier über die schwedische Mannschaft gesagt wird, irgendwie auch für das deutsche Team. Nur dass die Völlertruppe aus unerfind-

lichen Gründen etwas erfolgreicher darin ist, ihre vielfältigen Defizite zu kompensieren ...)

Was tragen die für Trikots und wie sieht das aus?

In dieser Hinsicht kann man ihnen nichts vorwerfen: leuchtend gelbe Dresse, dazu blaue Hosen – hier präsentiert sich ein Klassiker. Obwohl im Kanarienverdacht sehen die Schweden immer so aus, als hätten sie ohnehin keine andere Wahl – dieses Trikot passt einfach zu ihnen.

Welche Chancen haben die?

Die Schweden spielen immer eine ordentliche Qualifikation und versagen dann in der Hauptrunde. Das wird auch in diesem Jahr so sein. Vermutlich werden sie die Vorrunde nicht überstehen.

Fachwissen zum Beeindrucken

Zlatan Ibrahimovic – das klingt nicht unbedingt nach einem Schweden. Und der Mann spielt auch schon seit ein paar Jahren in Holland, bei Ajax Amsterdam. Trotzdem wurde er als Sohn eines Gastarbeiters 1981 in Malmö geboren und gilt in Schweden als größte Sturmhoffnung seit Henrik Larsson. Und weil wir ein lustiges Büchlein schreiben und nicht dem *Kicker*-Sportmagazin Konkurrenz machen wollen, klären wir Sie auch gern mal darüber auf, was auf den UEFA-Internetseiten über den jungen Mann aus Malmö steht, wenn man das Übersetzungsprogramm aktiviert ...: »Gelegentlich vernunftwidrig und heißgemildert, ist Zlatan Ibrahimovic ein enigmatic Schlaggerät, das Fähigkeit im Überfluss besitzt. Seine feine Technik und Fähigkeit, Besitz zu behalten, bilden ihn eine nützliche Folie, obgleich das Zählen sein Primärfokus bleibt.« Uns gefällt vor allem das »enigmatic Schlaggerät« …

Mit wem kann man sich auch nach dem Spiel sehen lassen?

Es ist schon eine Frechheit, dass Henrik Larsson mit 33 Jahren bereits seinen Rücktritt erklärt hat. Der ehemalige Rasta-Mann sah auch mit Raspelglatze fantastisch aus. So müssen wir Sie entschuldigend auf Fredrik Ljungberg umleiten. Er spielt bei Arsenal London, erliegt immer wieder mal der Versuchung, eine alberne *Lola rennt*-Haarfarbe zu wählen, verfügt aber doch auch über eine ganz kantige, männliche – mit Verlaub – Charakterfresse! Wird nicht langweilig mit dem, da können Sie sicher sein.

Fredrik Ljungberg

Bulgarien

Wie spielen die?

Vielleicht ist der Vergleich etwas verstiegen, doch andererseits liegt er nahe: Bulgarien wird bei der EM 2004 auftreten wie der VfB Stuttgart in der Bundesliga: unbelastet, lauffreudig, offensiv. Das Team ist konsequent verjüngt worden – Balakov war der letzte der Altstars aus der legendären Truppe von 1994, als man bei der WM in den USA Dritter wurde und die deutsche Mannschaft aus dem Turnier kickte. Jetzt führen die beiden Petrovs, Martin und Stilios, eine Mannschaft an, die aufgrund ihrer Spielfreude und guten Einstellung so etwas wie der Geheimfavorit in Portugal werden kann. Natürlich sehr geheim – schließlich ist die Mannschaft für den ganz großen Wurf eigentlich noch viel zu jung. Doch in der EM-Qualifikation haben sie die höher eingeschätzten Belgier und Kroaten locker hinter sich gelassen. Kann man bei Oddset mal ein paar Euro Wetteinsatz riskieren …

Was tragen die für Trikots und wie sieht das aus?
Modisch eine eher zurückhaltende Performance: grüne Hose, weiße Streifen, oben rum umgekehrt: weißes Trikot, grüne Streifen auf den Ärmeln. Damit kann man nichts verkehrt machen, wirkt irgendwie aber auch Karo einfach …

Welche Chancen haben die?
Kann man – siehe oben – schlecht einschätzen. Vom Potenzial her sind sie in der Lage, die Gruppenphase zu überstehen. Nervensache. Auf jeden Fall wird es schwierig, diese Mannschaft abzuschießen …

Fachwissen zum Beeindrucken
Wer erinnert sich nicht an den Staatsfeind Nummer eins von 1996? Yordan Letchkov heißt der Mann, spielte für den HSV, war unter 30, sah aber dank seiner verkämmten Halbglatze schon damals aus wie ein vierzigjähriger Gebäudereiniger. Bei der WM 1996 erzielte er das ent-

scheidende 2:1 gegen Deutschland, schoss UNS aus dem Turnier und kehrte nach dem Sommerurlaub nach Hamburg zurück, um sich auf seinen unschönen Lorbeeren auszuruhen ... Man musste annehmen, dass der Triumph Letchkovs 1996 der Höhepunkt seines Lebens sein sollte, doch da haben wir uns unter Umständen getäuscht: 2003 wurde Letchkov in seiner Heimatstadt Sliven, wo er ein Hotel betreibt und als Präsident des ortsansässigen Zweitligisten fungiert, zum Bürgermeister gewählt. Zwar nur mit 51 Prozent der Stimmen, doch mit knappen Ergebnissen kennt sich der Mann ja aus.

Mit wem kann man sich auch nach dem Spiel sehen lassen?

In Leverkusen läuft ein Mann durch die *Bay Arena*, der seine Trainer bis zur Weißglut reizt: Der Bulgare Dimitri Berbatov ist nicht nur jung und extrem gut aussehend, sondern auch von aufreizender Lässigkeit durchdrungen – dummerweise auch auf dem Fußballplatz ... Er hat was von Hollywoodschauspieler Andy Garcia im Auftritt und Look, ungelogen. Unter diesen Umständen sehen Sie dem jungen Bulgaren seine zuweilen etwas uninspirierten Auftritte in der Bundesliga sicher nach.

Dimitri Berbatov

Gruppe D

Lettland

Wie spielen die?

Dass die Letten als größte Außenseiter des Turniers zur EM fahren, dürfte den Unterhaltungswert sogar steigern: Erstens fördert ihre Rolle die emotionale Anteilnahme (ooooch, die kleinen Letten!), zweitens möchte man gern viele Reporter den Namen Oleg Blagonadezdin aussprechen hören. Gegen Großmächte wie Schweden und (in den Play-offs) den WM-Dritten Türkei spielte Lettland so, wie man es von Fußballzwergen erwartet: wacker, leidenschaftlich und mit einer fiesen Kontertaktik. Die geht so: Alle sichern hinten, werfen sich in die Bälle und schützen sonst wie heroisch ihr Tor. Haben sie selbst den Ball, geht es blitzschnell nach vorne, und ein paar Spezialisten rennen wie Irre hinterher. Manchmal führt das zu einem überraschenden Ergebnis.

Was tragen die für Trikots und wie sieht das aus?

Der Lette tritt gern komplett in Rot an, mal in Richtung weinrot, dann wieder in Richtung Gauloises-Legères-Schachtel tendierend. Ist von *Adidas*, tut nicht weh, macht aber auch nicht viel her.

Welche Chancen haben die?

Gar keine. Die Deutschen werden ganz knapp gewinnen. In den Spielen gegen Tschechien und Holland wird der spätere Torschützenkönig des Turniers zwei oder drei Tore schießen.

Fachwissen zum Beeindrucken

- »Gegen Deutschland haben die Letten ja schon zwei Mal gespielt: 1935 und 1937. Beide Mal verloren.«
- »Für Fußball haben die Letten sich ja bisher nicht so interessiert: Die WM 2002 etwa haben die nicht im heimischen Fernsehen gezeigt.«
- »Ihre eigene Liga ist ja unfassbar langweilig: Seit der Unabhängigkeit hat Skonto Riga alle 13 nationalen Titel gewonnen.«

Mit wem kann man sich auch nach dem Spiel sehen lassen?

Seien wir ehrlich zu Ihnen: Wir haben nicht die geringste Ahnung. Das Mannschaftsfoto weist einige interessante Vertreter der Abteilung »Blasse, ehemalige Angehörige des Ostblocks« auf. Auf Nummer Sicher gehen Sie wahrscheinlich mit dem Star des Teams: Maris Verpakovskis hat ein bisschen mehr Farbe im Gesicht als seine Mitspieler, einen akzeptablen Haarschnitt und immerhin zehn Tore in seiner noch jungen Länderspielkarriere geschossen (Der junge Mann ist erst 24, da geht also noch einiges). Leider hat er sich gerade für eine Karriere bei Dynamo Kiew entschieden und dort einen Fünf-Jahres-Vertrag unterschrieben. Wenn Sie also bei Ihrem zukünftigen Leben als Fußballerfrau an Dolce Vita in Italien gedacht haben: Denken Sie um, und packen Sie die langen Unterhosen wieder in den Koffer.

Maris Verpakovskis

Tschechische Republik

Wie spielen die?

Richtig gut. Hinten wird robust die alte Ostblockschramme gefahren, aber schon im Spielaufbau nach vorn haben die Tschechen Spieler der absoluten Weltklasse in ihren Reihen. Oder, anders ausgedrückt: Die Tschechen sind die Argentinier Europas … Sie sind kampfkräftig und robust, aber verfügen gleichzeitig über spielerische Mittel, die an südamerikanische Mannschaften erinnern. Pavel Nedved beispielsweise ist momentan der Spieler der italienischen Seria A, was damit zusammenhängt, dass der Mann zwei Jobs auf einmal macht und zwar vorzüglich: Er stopft Löcher im Mittelfeld und erobert sich in defensiven Zweikämpfen Ball um Ball, dann schaltet er um auf Offensive, dirigiert und schießt auch noch viele Tore. Ein Phänomen – vergleichbar in seiner Spielweise mit dem jungen Matthäus, allerdings einem, der auch mal die Klappe hält. Und dazu kommen mit Rosicky und Koller Leute, die wir aus der Bundesliga kennen und schätzen, Smicer, Podborsky, Baros – die Liste der Spieler, vor der wir Angst haben sollten, reißt einfach nicht ab …

Was tragen die für Trikots und wie sieht das aus?
Leuchtend rote Trikots mit munteren blauen Einsprengseln an den Seiten, dazu weiße Hosen – keine modische Offenbarung, aber man muss zugeben: Das sieht schnittig aus, irgendwie modern. Und so spielen sie ja auch.

Welche Chancen haben die?
Große Chancen. Die Mannschaft ist im richtigen Alter, die Stars sind alle in Topform – nach Frankreich noch vor Italien und den anderen üblichen Verdächtigen unser zweiter Favorit.

Fachwissen zum Beeindrucken
Rufen Sie doch einfach Uli Hoeneß an, wenn Sie wissen wollen, wann die Tschechen ihren größten Erfolg bei einer Europameisterschaft feierten. Er wird's noch wissen: Das war am 20. Juni 1976 in Belgrad. Da gewannen die Tschechen das Endspiel gegen Deutschland nach einem 2:2 in der regulären Spielzeit erst durch ein Elfmeterschießen. Und welcher deutscher Spieler versemmelte den entscheidenden Elfmeter, na, wer war's? Wie gesagt, rufen Sie einfach Uli Hoeneß an, Sie erreichen den Mann beim FC Bayern München, Abteilung Attacke.

Mit wem kann man sich auch nach dem Spiel sehen lassen?
Unbedingt Karel Poborsky. Mit 32 Jahren ist der blonde Mittelfeldspieler zwar kein junger Hüpfer mehr, aber dafür kann man sich mit ihm in Portugal gepflegt in der Landessprache unterhalten: Er spielte ab 1997 ein paar Jahre bei Benfica Lissabon, vorher schon in Manchester,

anschließend bei Lazio Rom. Man kann davon ausgehen, dass Poborsky einiges zu erzählen hat. Und da er seine blonden Locken zugunsten einer unbedenklicheren Haarpracht eingetauscht hat, ist er inzwischen auch ein rundum ansehnliches Kerlchen.

Karel Poborsky

Niederlande

Wie spielen die?

Nach vorn, immer nach vorn. Wenn die Holländer in Fahrt kommen, dann zeigen sie den totalen Fußball – falls nicht Tore allein, sondern wie beim Eiskunstlaufen der künstlerische Ausdruck benotet werden würde, dann wären die Holländer schon sechs Mal Weltmeister geworden ... So aber reicht es oft im entscheidenden Moment nicht ganz, was oft auf das komplizierte Sozialklima im Team geschoben wird. Hier haut sich traditionell die dunkelhäutige Fraktion mit den holländischen Ur-Holzköpfen auf eben die, ein Konflikt, der in der aktuellen Mannschaft von den beiden Weltklassestürmern Kluivert (Barcelona) und Van Nistelrooy (Manchester United) personifiziert wird. Die können sich einfach nicht leiden, und so sieht ihr Zusammenspiel auch aus. Die niederländische Mannschaft ist auf jeder einzelnen Position doppelt hochklassig besetzt, was heißt: Eigentlich sind sie einer der Turnierfavoriten. Selbst mit der B-Mannschaft würden sie locker über die Vorrunde hinaus kommen, und das ist für die deutsche Mannschaft schon ein kleines Problem …

Was tragen die für Trikots und wie sieht das aus?

Spiele mit den Niederländern sind schon wegen ihrer Fans immer so schön farbenfroh. Sie setzen sich schwarze Rastalocken-Perücken auf, tragen die Landesflagge spazieren und gewanden sich ansonsten ausschließlich in Orange. So sieht schließlich auch die eigene Truppe aus: schwarze Hosen, orange Hemden. Schön leuchtend, irgendwie sehr erfreulich.

Welche Chancen haben die?

Wenn sie sich nicht untereinander zanken und mal für vier Wochen vergessen, dass sie sich eigentlich alle gar nicht leiden können, dann spielt Holland mit Tschechien und Frankreich um den Titel.

Fachwissen zum Beeindrucken

Die Niederländer hatten schon einige Male Nationalmannschaften von Weltrang, man erinnere sich nur an die Cruyff-, Neeskens- und Krol-Generation, die 1974 im Endspiel gegen Deutschland verlor. Unglücklich und unverdient, wie wir zugeben müssen. Nur ein einziges Mal reichte es für das holländische Bonds-Team zum Sieg bei einem großen Turnier. Das war 1988 ausgerechnet in Deutschland: Am 25. Juni wurde man mit einem 2:0 gegen die UdSSR Europameister. Wetten Sie doch mal mit einem (männlichen!) Fachmann, dass Sie die niederländische Mannschaftsaufstellung des Finales zusammen bekommen, und amüsieren Sie sich darüber, dass beim Gegenüber nach Van Basten, Gullit und Rijkard Schluss ist ... Hier Ihre Gewinner-Namen: Van Breukelen, Van Tiggelen, Koeman, Van Aerle, Vanenburg, Mühren, Gullit, van Basten, Koeman, Rijkard, Wouters! Und jetzt brav auswendig lernen, und nein: Das ist kein Fehler in unserer Aufstellung! Koemans gab es zwei: Ronald und Erwin.

Mit wem kann man sich auch nach dem Spiel sehen lassen?

Versuchen Sie es doch mal mit Clarence Seedorf. Der dunkelhäutige Mittelfeldspieler sieht sogar in einem fantasielosen Fußballtrikot noch ein bisschen so aus, als karriolte er in seiner Freizeit in der offenen Corvette durch Italien, wo er momentan spielt, und auch seine modischen Statements außerhalb des Spielfelds sind nicht zu verachten. Außerdem ist der 28-jährige Seedorf schon rumgekommen, hat bei Real Madrid gespielt und ist nicht viel größer als Prince – alle super Vorraussetzungen für einen echten Popstar.

Clarence Seedorf

Wie spielen die?

Ganz schwieriges Thema. Der reifere Fan erinnert sich an die großen Turniere als eine Reihung ziemlich erfolgreicher, aber latent doch peinlicher Auftritte. Immer haben andere schöner (das bedeutet nicht zwingend, aber doch oft auch besser) gespielt als wir, woraufhin die Jungs mit dem Adler die weltweit gefürchteten »deutschen Tugenden« mobilisieren. Als da sind: nicht aufgeben, an sich selbst und ein günstiges Schicksal glauben, unter allen Umständen eine Einheit bilden und am Ende irgendwie das Glück erzwingen. Der Wutausbruch Rudi Völlers nach vergleichsweise sanfter Kritik an einem furchtbaren Spiel auf Island rührte auch aus der über Jahrzehnte aufgestauten Frustration über die eigenen Grenzen.

Und die Deutschen sind – das zweite unvermeidliche, aber wahre Klischee – eine »Turniermannschaft«, werden also im Laufe etlicher Spiele nicht unbedingt besser oder schöner, aber noch zäher. Wie sie spielen? Je nachdem. Wenn Ballack in Form ist: alles über Ballack. Wenn nicht: irgendwie durchbeißen.

Was tragen die für Trikots und wie sieht das aus?

Erstaunlicherweise sehr hübsch. Nach furchtbaren Entgleisungen mit grünen Zacken und anderen Farbverfehlungen präsentiert man sich 2004 reduziert in Schwarz-Weiß, die Nationalfarben gibt es nur bei den drei Sternen auf der Brust (jeder Stern steht für eine gewonnene Weltmeisterschaft). Damit kann man sich sehen lassen, muss es aber nicht. Das Auswärtstrikot ist fast komplett schwarz; man hofft wohl auf Angstausbrüche beim Gegner.

Welche Chancen haben die?

Zwei Möglichkeiten: Aus in der Vorrunde, wenn die eigentlich sehr starken Tschechen es schaffen, nicht in Angst zu erstarren. Wenn sie weiterkommen, werden sie Europameister, weil sie Viertel-, Halb- und endgültiges Finale jeweils im Elfmeterschießen gewinnen.

Fachwissen zum Beeindrucken

- »Klar kann es der Uli Hoeneß nicht mehr hören: Aber es ist so: 1976 im EM-Finale gegen die Tschechoslowakei hat einfach nur er seinen Elfmeter verschossen.«
- »Aber sonst sieht's ja noch ganz gut aus: In der ewigen EM-Tabelle liegen wir immer noch uneinholbar auf dem ersten Platz: acht Mal teilgenommen, drei Mal gewonnen, zwei Mal Zweiter.«
- »Ist das nicht lustig, dass Hässler und Klinsmann mehr EM-Spiele haben als Matthäus? Sie jeweils 13, er nur elf. Dabei ist er doch unser Rekordnationalspieler.«
- »Wer weiß schon noch, dass Rudi Völler mal abgestiegen ist? Mit 1860 München. In der zweiten Liga hat er dann 37 Tore geschossen.«

Mit wem kann man sich auch nach dem Spiel sehen lassen?

In Deutschland ist es ja ein echter Sport geworden, mit einem Fußballer liiert zu sein. Und weil ja für Sie die Wahrscheinlichkeit am größten ist, einen heimischen

Kicker kennen zu lernen (so schwierig ist das nicht, und bestimmt wird auch bald irgendeine Fußballer-für-ein-Jahr-Frau einen Ratgeber mit Tipps herausgeben, wo man die Herren am besten kennen lernt und wie man sie dann an Heim und Herd bindet), wollen wir hier ein bisschen ausführlicher werden. Und zielgruppenspezifischer.

Für die *Bravo*-Leserin:

Kevin Kuranyi oder Benny Lauth. Ganz klar, beide Spieler verbringen enorm viel Zeit damit, die geeignete Farbe, Form und Länge für ihre Haare zu finden. Die kennen bestimmt auch die richtigen Modemarken, die richtigen Clubs und auch sonst alles, was eine 15-Jährige so richtig spannend findet.

Für die *taz*-Leserin:

Jens Lehmann. Wurde von der Grünen Claudia Roth bei der letzten WM zu ihrem Lieblingsspieler erkoren. Ist immerhin schon mal aus Deutschland rausgekommen (kurz nach Italien, jetzt wohl für länger nach England), macht einen nicht ganz so doofen Eindruck und mag – aus nachvollziehbaren sportlichen Gründen – Oliver Kahn nicht. Das muss als Basis reichen.

Für die *Bunte*-Leserin:

Oliver Kahn. Jedenfalls in dieser Saison. Der macht faszinierende Sachen an faszinierenden Orten mit eher nicht so faszinierenden Frauen. Das hat einen nicht zu leugnenden Unterhaltungswert.

Für die *Bild*-Leserin:

Michael Ballack. Über den Michael wird die gemeine Deutsche bald mehr wissen als über den Kanzler. Dem Jungen entkommt man nicht. Vereint Ost (da geboren) und West (da berühmt geworden) und sieht ja so richtig schlecht auch nicht aus.

Für alle anderen:

Mal ehrlich, die Jungs aus den anderen Ländern sehen irgendwie besser aus.

Die deutschen Spieler

Kleine Typologie der hiesigen Hoffnungsträger – denn Sie kommen ja nicht an ihnen vorbei ...

Vergessen Sie mal kurz Robbie Williams, Kantenkinn Schumi oder den deutschen Abfrage-Weltmeister Günther Jauch. Die Helden der Stunde heißen Ramelow, Friedrich oder Ballack. In den nächsten Wochen werden Sie mit den Kickern der deutschen Nationalmannschaft leben müssen, ob Ihnen das nun gefällt oder nicht. So ziemlich jeder mentalsportive Schwabbelkönig da draußen zwischen Zwiesel und Zwickau hat sich eine Meinung über jeden einzelnen deutschen Spieler gebildet. Und er wird als selbst berufener Bundestrainer nicht müde werden, seine Ansichten mit der Weltöffentlichkeit zu teilen, da können Sie sicher sein. Wer eine Flasche ist, nicht aufgestellt gehört, zurück in die Zone soll oder total unterschätzt wird, wer einen Werbevertrag mit der Hölle verdient oder einfach nur seinen Job verfehlt hat – der deutsche Mann wird lautstark versuchen, Sie darüber in Kenntnis zu setzen. Jetzt liegt es an Ihnen, ob Sie sich das einfach nur anhören wollen. Oder ob Sie sich wappnen. Mit überraschenden Fakten. Einer Haltung. Fundiertem Wissen.

Falls Sie Variante B in Betracht ziehen, dann empfehlen wir die Lektüre der folgenden Zeilen über die Spieler der deutschen Nationalmannschaft. Und freuen Sie sich schon mal auf die offenen Münder und heruntergelassenen Kinnladen Ihrer männlichen Bekannten, wenn Sie es besser wissen ...

Oliver Kahn

Was muss man über den wissen?

Von Oliver Kahn dürften Sie schon gehört oder gelesen haben, auch wenn wir ansonsten davon ausgehen, bei Null anfangen zu müssen. Vermutlich ist er Ihnen bei *RTL- Explosiv, Exklusiv* oder in der *Bunten* begegnet. Das sind nicht die üblichen Fachblätter für die Helden des Fußballsports, doch in sportlicher Hinsicht hat Kahn auch schon länger keine großen Schlagzeilen produziert. Oliver Kahn ist Torhüter beim FC Bayern München. Weltweit gilt er als einer der Besten seines Faches, bei der WM in Südkorea *war* er der Beste, unbestritten. Ihn also öffentlich als Flasche zu bezeichnen würde Sie unweigerlich als Blindschleiche outen. Und das wollen Sie ja nicht. Vollkommen okay aber wäre es, den Herrn als besessenen und zur Hybris neigenden Vollpfosten zu beschimpfen, denn das ist in etwa der Tenor, der sich auch im gemeinen Fußballvolk so langsam wieder durchzusetzen scheint. Olli – wie ihn die *Bild* und damit der aufgeklärte Teil der deutschen Öffentlichkeit nennt – war noch nie ein großer Sympathieträger, und das hat er sich zum großen Teil selbst eingebrockt. Der Mann war lange Zeit einfach eine Spur zu ehrgeizig. Einer, der mit Schaum vor dem Mund im Tor stand und seine Gegenspieler, den Schiedsrichter und selbst die eigenen Mannschaftskollegen durchschüttelte, wenn es auf dem Platz nicht lief. Legendär die Szene, als er dem Österreicher Andreas Herzog – seinem eigenen Mitspieler – auf dem Spielfeld derbe an die Wäsche ging, weil der nach König Kahns Meinung den nötigen Kampfeswillen vermissen ließ. In diesen Jahren waren in Stadien, in denen der FC Bayern zu Gast war, gern mal Urwaldlaute zu hören, »UhUhUh« tönte die Nordkurve und warf Kahn Bananen in den Strafraum. Dieses unwürdige Schauspiel hat der Mann inzwischen überstanden, nicht zuletzt dank seiner großartigen Leistungen bei der WM in Südkorea.

Doch so richtig lieb hat ihn immer noch niemand. Der Mann, der gern mal so aussieht, als könne er noch nicht allzu lange aufrecht gehen, grunzt aggressiv in jedes Mikrofon und wirkt stets wie John Goodman in *The Big Lebowsky*: kurz vor der Explosion. Außerdem hat der Mann sein Privatleben umgekrempelt, was ja eigentlich niemanden was anginge. Doch seine Sandkastenliebe Simone ausgerechnet während deren zweiter Schwangerschaft zu betrügen und schließlich für eine Diskotheken-Fachkraft namens Verena zu verlassen, hat seine Beliebtheit in deutschen Wohnzimmern nicht unbedingt gesteigert. Und dann noch diese Frisur …

Insiderfakt für die Expertenrunde

Olli Kahn war bis 1990 noch Ersatztorhüter beim Karlsruher SC. Die Nummer eins im Tor hieß dort Alexander Famulla und ist heute zu Recht vergessen. Jener Famulla bat seinen damaligen Trainer Schäfer angeblich darum, bei Auswärtsspielen nicht mehr mit dem überehrgeizigen Nachwuchsmann Kahn in einem Hotelzimmer schlafen zu müssen. Grund: Er habe Angst, dass Kahn ihn im Schlaf mit einem Kopfkissen ersticke … Offenbar hatte der besessene Olli den sensiblen Famulla so nervös gemacht, dass der in der Saison 1990/91 eine Gurke nach der anderen kassierte. Beim Stand von 0:2 im Heimspiel gegen den VfL Bochum wurde Famulla in der Halbzeit vom damals 21-jährigen Kahn im Tor abgelöst. Und da blieb Olli dann auch.

Christian Wörns

Was muss man über den wissen?

Eine sehr berechtigte Frage. Unter Style-Aspekten: wenig. Der gute Wörns gehört zu den Fußballspielern, für die der Ball stets ein feindliches Objekt zu sein scheint, das man unter Einsatz des ganzen Körpers ohne Rücksicht auf die körperliche Unversehrtheit potenzieller Gegenspieler ins Seitenaus zu befördern hat. Ein Arbeiter. Der gebürtige Mannheimer ist der letzte aktive Kicker aus der legendären »Mannheimer-Manndecker-Schule«, der zum Beispiel Karl-Heinz Förster, Jürgen Kohler oder Oliver Kreuzer angehörten. Richtige Fußballer stöhnen auf, wenn sie diese Namen hören. Und auch Wörns, inzwischen bei Borussia Dortmund unter Vertrag, gehört zu den so genannten Beißern, vor denen sich durchschnittliche Stürmer fürchten. Fußballer mit einer gewissen Klasse allerdings freuen sich, wenn sie gegen ihn spielen können, denn für den ein oder anderen Lapsus ist der Mann immer gut. Beim Länderspiel gegen Frankreich im letzten Herbst wird sich beispielsweise der Weltklassemann Henry gefragt haben, gegen welches Holzbein er denn da spielen durfte. Vor einem der drei französischen Treffer düpierte Henry den braven Christian so frech und schnell, dass dem immer noch schwindelig sein dürfte. Sie erkennen Christian Wörns daran, dass er a. immer so sauertöpfisch schaut, als habe irgendwer gerade seine Frau belästigt, b. an seinem bierdeckelgroßen Leberfleck am Hals und c. an einer heliumgereizten Stimme, die für die Synchronisation von Walt-Disney-Filmen die erste Wahl sein dürfte. Klingt zwar albern, ist im Hinblick auf eine Karriere nach dem aktiven Fußball allerdings hilfreich: So muss er seine Auffassung vom Fußball wenigstens nicht als Trainer oder Kommentator weitergeben.

Insiderfakt für die Expertenrunde

Es passt immer, Christian Wörns die Schuld zu geben. Er ist ein prima Watschenmann, zum Beispiel für das frühe WM-Aus der deutschen Nationalmannschaft 1998 gegen Kroatien. Da rasierte Wörns den Kroaten Suker an der Mittellinie um, flog vom Platz und die deutsche Mannschaft anschließend mit 0:3 aus dem Turnier.

Christoph Metzelder

Was muss man über den wissen?

Es mag sein, dass der junge Dortmunder bei der EM überhaupt nicht mitspielt. Bei Redaktionsschluss dieses Buches war der Mann noch schwer verletzt. Trotzdem wird auch bei dieser Europameisterschaft von ihm die Rede sein, denn Christoph Metzelder ist seit der WM in Südkorea 2002 der deutsche Hoffnungsträger. Begründet liegt das in der Tatsache, dass der lang aufgeschossene Beau, obwohl Abwehrspieler, auch einen Ball punktgenau über 20 Meter spielen kann und sich nicht ständig im Gras wälzt, um irgendwem in die Beine zu grätschen. Metzelder ist ein eleganter Spieler. Was Sie allerdings auch nicht ganz kalt lassen dürfte: Metzelder ist auch ein gut aussehender junger Mann (Jahrgang 1980), der in der Lage ist, zwei Sätze unfallfrei zu sprechen, ohne die Kicker-Stanzen »Ja gut« und »Ich sach ma« zu bemühen. Sein Abitur machte der Westfale mit dem stolzen Schnitt von 1,8. Und einen bundesligaerprobten Bruder hat er auch: Malte. Spielt auch bei Borussia Dortmund. Ist aber weder so gut noch so schön wie der »deutsche Maldini«. Wir können nur hoffen, dass es der gute Christoph bis zur EM schafft, wieder auf die Beine zu kommen. Schließlich isst das Auge mit.

Insiderfakt für die Expertenrunde

Der erklärte Lieblingsverein des gebürtigen Halterners ist der FC Barcelona. Und da der junge Mann inzwischen nicht nur weiß, was er will, sondern auch, was er kann, hat er bereits öffentlich erklärt, später einmal dort spielen zu wollen, nach seiner Zeit in Dortmund.

Arne Friedrich

Was muss man über den wissen?

Noch nicht so viel. Was aber schon fast wieder *für* den bescheidenen Abwehrspieler von Hertha BSC spricht. Zu den Lautsprechern gehört der lang aufgeschossene Ostwestfale jedenfalls nicht. Das ist schon mal sympathisch. Grund zum Maulaufreißen hätte er schließlich nach seinem Raketenstart in der Bundesliga gehabt. Kam schließlich von Bielefeld aus der 2. Liga, etablierte sich sofort in Berlin und wurde in Rekordzeit Nationalspieler. Arne Friedrich gehört zu den wenigen Straßenfußballern, die es noch in Deutschland gibt. Ein Bolzplatz in Bad Oeynhausen sei der Ort gewesen, wo sich der eifrige Arne die Grundausbildung am Ball antrainiert hat. Unter Glamouraspekten ist er nicht wirklich bemerkenswert, und schön ist auch anders ... Aber immerhin, und dafür danken wir jedem Fußballer, dem man täglich ein Mikrofon unter die Nase hält: Ein Schwallkopf und Aufschneider ist er nicht.

Insiderfakt für die Expertenrunde

Mit dem Spruch »Den Friedrich sehen wir bald in München wieder« dürften Sie auch vor versammelter Männerrunde kein Risiko eingehen. Uli Hoeneß, der Manager von Bayern München, hat schon Interesse angemeldet, den Mann in den Süden zu holen. Nach der Saison 2004 wird es wohl so weit sein, falls sich Friedrich kein Bein bricht oder dem bayrischen Kaiser Beckenbauer die Frau ausspannt. Sein Vertrag in Berlin läuft ohnehin 2005 aus, und Hertha kann so noch einmal die Hand für den schnellen Verteidiger aufhalten. Brisant wäre das vor allem deshalb, weil Uli Hoeneß damit seinem kleinen Bruder Dieter, der bei Hertha den gleichen Job macht, wieder mal in die Parade fahren würde.

Jens Nowotny

Was muss man über den wissen?
Wer dem Mann Übles will, darf ihn gern als Langweiler erster Güte bezeichnen. Niemand in Ihrem fußballkompetenten Bekanntenkreis wird widersprechen, wenn Sie Nowotny als Schwiegermutters Liebling bezeichnen oder als geborenen Klassensprecher. Sie erkennen Nowotny auf dem Feld an seinem staksigen Storchen-Lauf und den herabhängenden Schultern, außerhalb des Feldes an seinem staatstragenden Gesichtsausdruck und den ausgewogenen Statements, die selbst Fragestellern des öffentlichrechtlichen Fernsehens auf den Wecker gehen. Nowotny spielt für Bayer Leverkusen, stammt aber auch aus der Talentschmiede des Karlsruher SC. Fußballerisch in die Puschen kam der 1974 geborene Nowotny allerdings beim SV Spielberg, der sich heute noch darüber freut, dass der »normal gebliebene« Profikicker alljährlich das Jugend-

turnier des Vereins besucht. Ob sich der zweite Verein des sprintstarken Ausputzers in Friedrichstal-Blankenloch auch über die regelmäßige Heimkehr des verlorenen Sohnes freut, ist nicht überliefert. Würde aber passen.

Insiderfakt für die Expertenrunde

Ein bisschen Mitleid könnte man schon entwickeln: Jens Nowotny zog sich im Champions-League-Spiel von Bayer Leverkusen gegen Manchester United einen Kreuzbandriss zu und wurde so in der Wahnsinns-Saison 2001/2002 um das Champions-League-Endspiel gebracht. Auch bei der WM in Südkorea musste der Mann passen, obwohl als wichtiger Baustein in Rudi Völlers Truppe vorgesehen. Pech: Vizeweltmeister wird man vermutlich auch nur ein Mal in seiner Karriere. Noch mehr Pech: Als Bayer Leverkusen schließlich einen chaotischen Fehlstart in die Saison 2002/2003 hingelegt hatte, spielte Nowotny erstmals wieder gegen Cottbus in der Bundesliga. Vermutlich etwas zu früh: In diesem Spiel zog er sich erneut einen Kreuzbandriss zu – noch mal mindestens ein halbes Jahr Pause. Also: Ein bisschen Mitleid kann er gebrauchen.

Carsten Ramelow

Was muss man über den wissen?

Niemand kann ihn leiden. Nur seine Trainer. Die haben ihn alle lieb. Carsten Ramelow ist ein Phänomen, so eine Art Wolfgang Petry des Fußballsports. Niemand guckt ihm gern bei der Arbeit zu, aber erfolgreich ist er wie die Hölle. Vermutlich weil er die deutschen Tugenden repräsentiert wie kaum ein anderer: Zuverlässigkeit, Kampfeswillen, Laufstärke. Man wird kaum jemanden finden, der Ramelow eine gewisse fußballerische Eleganz attestiert. Und so sieht er auch aus: wie eine erwachsene Variante von Michel aus Lönneberga, nur ohne Suppenschüssel auf dem Kopf. Die weiß-blonden Haare wie Fransenlametta auf dem Kopf verteilt, drückt sich Ramelow auf Europas Fußballplätzen herum und hindert andere daran, Fußball zu spielen. Er gehört zu der sagenumwobenen Ära der Hertha-Bubis. Das war die Amateur-Mannschaft von 1993, die im DFB-Pokal eine sensationelle Serie hinlegte und erst im Endspiel gegen Bayer Leverkusen verlor. Die eigenen Profis waren da schon längst ausgeschieden. Ramelow wurde später von Leverkusen-Manager Calmund verpflichtet und gilt in der Bundesliga als Mann ohne Eigenschaften. Zumindest, was sein Privatleben angeht.

Insiderfakt für die Expertenrunde

Einen einzigen , helldunklen Fleck gibt's in der Karriere von Carsten Ramelow – mit dem können Sie aber sicher punkten, das wissen die wenigsten: 1990, im zarten Alter von 16 Jahren, verließ der weiß-blonde Schlaks seine Heimatstadt Berlin und heuerte beim Werksklub von Bayer Uerdingen an. Damit verbunden: eine Lehrstelle als Chemielaborant bei Bayer. Was ihm in Uerdingen nicht gefallen hat, ist nicht überliefert, vielleicht hatte der Junge einfach nur Heimweh. Nach einer Woche jedenfalls packte er seine Siebensachen wieder ein und kehrte zurück nach Berlin. Ohne Lehrstelle. Dafür zu Hertha BSC.

Bernd Schneider

Was muss man über den wissen?
Falls Sie mal gefragt werden, mit welchen deutschen Nationalspielern Sie sich in der Öffentlichkeit sehen lassen können, ohne peinlich berührt zu sein, dann gehört der kleine Wahl-Leverkusener auf jeden Fall dazu. Er verfügt über ein schalkhaftes Lächeln, eine ansehnliche Frisur und ist ein bescheidener, ganz angenehmer Zeitgenosse. Sogar der harte Fußballfan wird Ihre Sympathie nachvollziehen können. Schneider nämlich ist einer der wenigen deutschen Kicker, die nicht mit dem Ball auf Kriegsfuß stehen. Ein Dribbler, ein Ballstreichler und ein Balletttänzer – wenn Schneider um den Ball tanzt und seine zahlreichen Finten und Tricks ansetzt, wird's so manchem Holzfuß in der Bundesliga ganz schwummerig vor Augen. Schneider, ganze 171 Zentimeter hoch, lernte sein Fußwerk noch in der DDR. In Jena besuchte der Mann ein Fußballinternat, ging von dort aus schließlich nach Frankfurt und fiel dort in einer Mannschaft der grauen Herren angenehm auf. Mit Leverkusen schließlich kam er bis ins Champions-League-Endspiel und stand mit der deutschen Nationalmannschaft im Endspiel gegen Brasilien. Keine schlechte Karriere …

Insiderfakt für die Expertenrunde
Wer ein bisschen damit protzen möchte, Bernd Schneider wirklich gut zu kennen, kann ja die Raststätten-Anekdote loswerden. Die Raststätte nämlich, die Bernd Schneider immer ansteuert, wenn er auf seinem regelmäßigen Weg in die ostdeutsche Heimat kurz vor Jena ausschert. Darin trifft der smarte Bernd nicht etwa dubiose Spielervermittler oder den unverzichtbaren Schalke-Manager Assauer mit dem Geldkoffer. Nein, Bernd Schneiders Heimkehr-Ritual beinhaltet den Verzehr einer Bratwurst, die er immer in der selben Raststätte isst. Ist halt ein Mann aus dem Volk, der Bernd Schneider.

Michael Ballack

Was muss man über den wissen?
Jetzt wird es wirklich interessant. Deutschland verfügt nach dem Abgang von Effenberg und Memet Scholls langsamem Versickern in der Bayern-Reha nicht mehr über allzu viele kickende Popstars. Einer allerdings verfügt über riesiges Potenzial, auch in dieser Hinsicht: Michael Ballack. Tatsächlich, der Mann sieht gut aus, der Mann spricht gerade Sätze in Mikrofone und jongliert gekonnt zwischen authentischer Bescheidenheit und dem festen Glauben an seine Stärke. Einer der seltenen Momente, in denen man sich nicht für einen Kicker schämt, wenn er öffentlich Rede und Antwort steht. Dass Ballack auch auf

dem Spielfeld ausgesucht elegant spielt und ihm von Blut- und Boden-Spinnern immer mal wieder übel genommen wird, dass er bei der Ausübung seines Jobs zu wenig schwitzt, spricht auch nicht gerade gegen ihn. Ein eleganter Mittelfeld-Mann. Der Tore schießt. Der später mal bei Real Madrid spielen wird oder Juventus Turin. Und dem man in einigen Jahren auch nicht mehr anhören wird, dass er in Chemnitz groß geworden ist. Auf dem Werbesektor hat er bereits die Nachfolge der letzten deutschen großen Nummer angetreten: Anstelle des wohl erzogenen Schwiegermutter-Traums Oliver Bierhoff wird nun Ballack gebeten, für allerlei Produkte seine Nase in die Kamera zu halten, und das steht seinem Konto nicht schlecht. Nicht überliefert ist leider, wie viel Geld er von *T-Mobile* für seine Arbeit einstreicht, aber von *Sony* gibt's angeblich 1,8 Millionen Euro, von *Coca-Cola* 500 000, von Adidas immerhin noch 400 000 Mark für die Unterschrift unter seinen Werbevertrag. Guter Mann, der Ballack. Spielt natürlich auch für Bayern München. Das scheint ein Naturgesetz zu sein – wer in Deutschland ein ganz Großer werden will, muss früher oder später auch mal bei den Bayern spielen. Ob Ihnen das nun gefällt oder nicht.

Insiderfakt für die Expertenrunde

Den ganz großen Wurf hat Ballack noch nicht gelandet. Sie können ihn also auch in großer Runde ungestraft einen der letzten großen Verlierer nennen. Und wenn man Sie dann fragend anschaut, dann sagen Sie nur zwei Worte: Unterhaching. Südkorea. Und Eingeweihte wissen Bescheid.

Damit auch Sie Bescheid wissen, kurz der Hintergrund.

Unterhaching: Im letzten Saisonspiel der Bundesliga 2001/2002 fehlte Bayer Leverkusen nur noch ein Punkt zur deutschen Meisterschaft. Der damals noch dort angestellte Kicker Ballack aber erzielte in Unterhaching kurz vor der Halbzeit ein wunderschönes Tor. Allerdings überwand er seinen eigenen Torwart. Leverkusen verlor. *Südkorea*: Im Halbfinale der Fußballweltmeisterschaft verhinderte Ballack durch ein Foul mit letztem Einsatz den möglichen Führungstreffer der südkoreanischen Mannschaft. Dafür wurde er mit der gelben Karte bestraft, was zur Folge hatte, dass er für das nächste Spiel gesperrt war. Das *nächste Spiel* war das Endspiel der Fußball-Weltmeisterschaft: Deutschland-Brasilien. Dass Deutschland übrigens nur erreichte, weil Ballack das Siegtor gegen Südkorea erzielte. So was nennt man wohl tragisch. Aber Ballack ist ja noch jung …

Kevin Kuranyi

Was muss man über den wissen?
Auffälliger junger Spund aus Stuttgart. Sie wissen doch: Stuttgart. Diese Mannschaft, die vor einiger Zeit über sich hinausgewachsen ist und ein kleines Wunder vollbracht hat, nämlich mit wenig Geld und vielen jungen Spielern tolle Ergebnisse zu erzielen, national wie international. Kuranyi

hat großen Anteil an dieser Entwicklung. Er ist ein schneller Stürmer, er macht Tore, und er ackert in jedem Spiel – auch nach hinten. Sie erkennen den Mann daran, dass er meistens schneller ist als seine Gegenspieler. Und an seinem Sprachfehler ... Ja ja, man soll sich darüber nicht lustig machen, doch bei Kuranyi muss das mal erlaubt sein, wirkt ja sogar ganz putzig. Der Mann, so lehrt uns jedes noch so kleine Interview, lispelt herzallerliebst. Solange Kuranyi nur frech in die Kamera grinst und seine kunstvoll geschorene und gefrickelte Frisur vorführt (erinnert an Effenbergs launische Experimente), ist ja noch alles gut. Aber wenn der gute Kevin dann anfängt, über sein Spiel und die vergebenen Chancen zu parlieren, möchte man ihn am liebsten in den Arm nehmen. Der Mann ist mit Sicherheit der Erste, den man in einem Werbespot nachsynchronisieren muss. Sollte er mal einen mit Text bekommen, versteht sich.

Insiderfakt für die Expertenrunde

Die Nationalität von Kevin Kuranyi wäre ein Fall für Günther Jauchs *Wer wird Millionär*. Ist schließlich eine lustige Kombination, die er aufzuweisen hat: Geboren ist er in Rio de Janeiro, also in Brasilien. Seine Mutter stammt aus Panama, sein Vater aus Deutschland. Dort landete Kuranyi dann auch als Halbwüchsiger und durchlief alle Jugendmannschaften des VfB Stuttgart. Doch er hätte international auch für die Ländermannschaften von Brasilien oder Panama antreten können. Glücklicherweise entschied er sich für Deutschland ...

Didi Hamann

Was muss man über den wissen?

Kam von Wacker München, einem bayerischen Traditionsverein, zu den Bayern und spielte sich dort in die erste Mannschaft und in die Nationalmannschaft. Müsste uns allen schon deshalb sympathisch sein, weil er sich stets mit seinem Mitspieler Matthäus kabbelte, dem brabbelnden Kleinkind in Fußballerverkleidung. Hamann wirkt auf dem Platz immer ein wenig unterernährt, ja storchig, doch gerade er verfügt über einen sehr harten Schuss. Das stellt er seit einigen Jahren aber nur noch in England unter Beweis – er spielte dort erst für Newcastle, seit einigen Jahren gehört er dem Starensemble des FC Liverpool an. Ein Traum für jeden Fußballer. Hamann ist eigentlich ein umgänglicher und ganz solider Charakter, allerdings sind seine Interviews nur schwer erträglich. Er erzählt zwar nicht mehr dummes Zeug als die Kollegen, aber er flackert und klimpert dabei so hektisch mit den Augen, dass einem als Zuschauer ganz anders wird. Hamann sieht aus, als ob er einer Kurzgeschichte von David Sedaris entsprungen wäre, und wenn er mit der Zunge an Steckdosen herumlecken würde, würde uns das auch nicht wundern …

Insiderfakt für die Expertenrunde

Mit der harmlosen Frage »Hey, kann der Hamann wieder sprechen?« stellen Sie gleich zwei Sachen unter Beweis. Zum Ersten, dass Sie eine Zynikerin sind, die genau wie alle anderen anwesenden Männer schlechte Witze auf Kosten aller Spieler machen kann. Zum anderen Ihr Wissen darüber, dass Didi Hamann einmal mit Verdacht auf Gehirnschlag ins Krankenhaus eingeliefert wurde und dort einige Tage bleiben musste, bis sich der vermeintliche Super-Gau als simple Durchblutungsstörung herausstellte. Doch allein der Verdacht reichte im März 1997 schon aus, um Hamann in allen Boulevard-Gazetten zum Thema der Titelseiten werden zu lassen.

Tobias Rau

Was muss man über den wissen?

Noch nicht so viel. Ist schließlich erst ein paar Monate im erlauchten Kreis der Nationalspieler dabei, und das vermutlich aus zwei Gründen. Zum einen gehört der Mann als Linksfuß zu den eher dünn gesäten Spielertypen in Deutschland. Er rennt auf der linken Seite die Linie rauf und runter und gibt im Gegensatz zum aufmüpfigen Jörg Böhme aus Schalke keine Widerworte ... Zum anderen hat ihn Bayern München aus Wolfsburg eingekauft, was für den Rest der Republik immer heißt: ein Guter! So spielt Rau auch schon in der Nationalmannschaft, obwohl er bei den Bayern gern mal auf der Ersatzbank Maulaffen feil hält und von Vicente Lizarazu lernen soll – der ist schließlich Weltmeister und spielt auch auf seiner Position bei den Bayern. Die kritische Expertenfrage, was ein Ersatzspieler eigentlich in der deutschen Nationalmannschaft zu suchen hat, bietet sich also bei Tobias Rau immer an. Allerdings wäre das nicht schön. Der Tobi nämlich ist ein Netter, der aussieht wie ein schwedischer Ministrant. Auf den Kopf ist er auch nicht gefallen. Wenn man in der deutschen Gurkentruppe also nach Sympathieträgern Ausschau hält, ist Rau einer der wenigen Kandidaten. Für die Nobeldisco-Skandale der Kollegen ist der über Eintracht Braunschweig nach Wolfsburg gekommene Kicker noch nicht geeignet. Rau dürfte man zur Zeit noch eher in einem Hip-Hop-Laden oder auf einem Open-Air-Konzert antreffen. Vermutlich spielt er sogar ein Instrument ...

Insiderfakt für die Expertenrunde

Zum Glück spielt Rau nicht in England, denn dort wird auch über Weihnachten und Neujahr keine Spielpause eingelegt. Das würde Tobias Rau vermutlich schwer fallen, denn er hat am 31. Dezember immer gleich zwei gute Gründe, sich ein wenig abzuschießen: Silvester & Geburtstag. Prost!

Fredi Bobic

Was muss man über den wissen?

Falls Ihnen mal ein Spieler auffallen sollte, der sich wild gestikulierend auf die eigenen Mitspieler stürzt, wütend auf sein eigenes Bein eindrischt, den Schiedsrichter mit hochrotem Kopf beschimpft wie ein Fuhrkutscher und in der nächsten Sekunde schelmisch grinst wie ein Eierdieb, dann können Sie sicher sein, dass Sie es mit Fredi Bobic zu tun haben. Der Mann war eigentlich schon weg vom Fußballfenster, als Spieler in Dortmund wurde der »Ein-Kontakt«-Mittelstürmer vom Hof gejagt und nach England zu den Bolton Wanderers vermietet. Zurück in der Bundesliga, rettete er Hannover 96 2002 vor dem Abstieg und landete dann bei Hertha BSC Berlin und wieder in der Nationalmannschaft. Bobic stellt sich gern als »positiv Verrückten« dar, was man durchaus so sehen kann ... Der in Maribor (Slowenien) geborene Exil-Schwabe hat halt Temperament und ganz bestimmt eine große Klappe. Einen Schiedsrichter beschimpfte er vor laufenden Kameras mal als »blinde Bratwurst«. Langweilig dürfte es mit ihm nicht werden. Ihm zu unterstellen, er sei für einen Stürmer von Weltrang ein wenig zu langsam, kommt übrigens in Fachkreisen immer gut an. Das nämlich kann man *sehen*. Aber Bobic macht auch Tore, selbst wenn seine beste Zeit schon ein paar Jährchen zurückliegt. An der Seite von Elber und Balakov stürmte er 1995 für den VfB Stuttgart, dort wurden die Kicker als »magisches Dreieck« gefeiert.

Insiderfakt für die Expertenrunde

Fredi Bobic verfügt über ein ausgeprägtes Selbstbewusstsein, das merkt jeder, der den Mann mal vor einer Fernsehkamera herumhüpfen sah. Dass er allerdings mit seinen Kicker-Kollegen Marco Haber und Gerhard Poschner sogar eine CD aufgenommen hat und mit dem Song »Steh auf« sogar kurzzeitig in den Charts auftauchte, ist heute zum Glück fast vergessen. Man erhält dieses Highlight der nationalen Popkultur beim Meister selbst, wenn man auf dessen Homepage geht. Würden wir aber nicht empfehlen. Damals wurde auch der Begriff vom »tragischen Dreieck« geprägt …

Benny Lauth

Was muss man über den wissen?

Wenn man *Bravo*-Leser ist: so ziemlich alles. Benny Lauth wird, wenn es gerecht zugeht auf dieser Welt, in einigen Jahren der Topstar der deutschen Mannschaft sein. Der junge Mann aus dem malerischen Fischbachau in Bayern ist schnell, trickreich, torgefährlich und … jawohl: der bestaussehende Mann, den die Bundesliga zu bieten hat. Momentan ist er zwar mit einer Frisur unterwegs, die bei führenden Wischmoppherstellern als Modell geführt wird, doch derlei modischer Firlefanz wächst sich im Laufe der Zeit schon raus. Ohne Schmäh – Benny Lauth hat das Zeug dazu, der deutsche Beckham zu werden. Und er läuft nicht mal Gefahr, die Marionette einer Mini-Domina mit Frettchengesicht zu werden: Benny Lauth ist ein smarter junger Mann, der sehr genau zu wissen scheint, was er will, und der für seine Interessen eintritt, ohne ein Maulheld zu sein. Er spielt noch für 1860 München, doch es gilt in eingeweihten Kreisen als ausgemacht, dass Lauth demnächst für einen Topclub auf Torjagd gehen wird. Sie können Ihren männlichen Freunden ja eine Wette anbieten, dass Lauth noch innerhalb der nächsten zwei Jahre bei Bayern München landet. Allzu viel Risiko birgt das nicht, denn er ist heimatverbunden *und* ambitioniert. Und diese Kombination führt bekanntermaßen auf schnellstem Weg zu Uli Hoeneß und dessen kleinem Verein.

Insiderfakt für die Expertenrunde

Dass der ehemalige Löwentrainer Werner Lorant in München stets ein umstrittener Mann war, dürfte bekannt sein. Nicht aber der Grund, warum Löwen-Präsidium und Fans endgültig den Eindruck gewannen, dass Lorant den Bodenkontakt verloren hatte. Das war, als er auf eine Frage eines Journalisten, ob er denn nun daran denke, den Jugendnationalspieler und das größte Talent der Löwen, Benny Lauth, mal in der Bundesliga einzusetzen, zurückbellte: »Lauth? Kenn ich nicht!« Zum Glück kannte Lorants Nachfolger Peter Pacult den Mann und setzte ihn gleich mit großem Erfolg in der Bundesliga ein.

Jens Jeremies

Was muss man über den wissen?

Sieht aus der Kameraperspektive immer so aus, als ob er kaum über den Tisch gucken könnte, doch so klein ist Jeremies gar nicht – 1,76 Meter, um genau zu sein. Der Eindruck, man habe es hier mit einem aggressiven Pygmäen zu tun, entsteht vermutlich daher, dass Jeremies ständig quer in der Luft liegt und wie ein Marschflugkörper alles anspringt, was einen Ball am Fuß hat. Nein, elegant möchte man die Kampfmaschine des FC Bayern nicht nennen. Auch in der Nationalmannschaft hat der stämmige Ex-Görlitzer eher den Job, die gegnerischen Ästheten am Fußballspiel zu hindern. Da steht er in der guten Tradition von Spielern wie Eilts, Buchwald oder Dremmler, die allesamt als wild gewordene Rasenmäher in die Annalen der Fußballgeschichte eingingen. In den Anfangszeiten seiner Karriere bei Motor Görlitz, Dynamo Dresden und 1860 München trug Jeremies noch einen Spitzbart und eine Frisur, die man nur mit etwas gutem Willen noch als solche bezeichnen konnte. Es handelte sich um wildes, dunkles Gezottel, und das brachte ihm den Namen »D'Artagnan« ein. Sein Spiel war und ist leider nicht so wohlfließend, doch Jeremies bleibt sich auch außerhalb des Spielfeldes treu. Turbulent und beißfreudig strahlt er auch vor Kameras immer die Aura eines gereizten Kettenhundes aus, und man hat Angst, dass »Jerry« – wie er genannt wird – von der Leine gelassen wird.

Insiderfakt für die Expertenrunde

Hinter der rauen Schale des Fußballkämpfers verbirgt sich eine, wenn schon nicht weiche, dann doch verantwortungsbewusste Seite: Jens Jeremies verfügt über ein soziales Gewissen – ein Fremdwort für die meisten seiner Kollegen. Es gründete die Jens-Jeremies-Stiftung, die regelmäßig und ohne viel Aufhebens zahlreiche Projekte für Kinder und Jugendliche in Not unterstützt.

Paul Freier

Was muss man über den wissen?

Das ist der Kleine auf der rechten Seite, der eine Frisur hat wie ein getrimmter Pudel und dessen Laufstil irgendwie wieselig erscheint. Paul Freier heißt eigentlich Slawomir, aber weil der kleine Slawo bei der Einbürgerung schnell deutsch-kompatibel umbenannt werden sollte, wurde ein Paul draus. Heißt: noch ein Fußballdeutscher in der Nationalmannschaft. Mit Klose, Kuranyi und zuweilen Asamoah, spielen jetzt schon einige Herren für unser kleines Land, die auch mindestens *eine* andere Option gehabt hätten. Hoffentlich tut es ihnen nicht irgendwann Leid ... Paul Freier sicher nicht. Der ist ein ganz Braver und bedankt sich immer bei Gott und aller Welt dafür, dass er überhaupt irgendwo mitmachen darf. Ist das noch höfliche Bescheidenheit oder schon Langeweile? Schwer zu sagen. Dabei spielt der Mann doch einen ganz guten Ball, ist dribbelstark und kombinationssicher. Noch kickt er für den VfL Bochum, doch allzu lange wird sich der kleinste Pott-Bundesligist einen solch erfolgreichen Spieler nicht mehr leisten können. Leverkusen soll dran sein ...

Insiderfakt für die Expertenrunde

Es gibt nicht allzu viele interessante Insider-Informationen über den kleinen Freier, der drei Jahre Anlauf brauchte, um von der Amateurmannschaft des VfL Bochum endlich mal in der Bundesligatruppe mitmachen zu dürfen.

Vielleicht, dass ausgerechnet so ein Edeltechniker wie Freier für einen Amateurverein aus der charmant klingenden Kleinstadt HOLZEN kickte …

Jens Lehmann

Was muss man über den wissen?
Der zweite Torhüter in dieser Liste, der nicht unbedingt zu den beliebtesten Zeitgenossen im Lande gehört. Zwar hält der Mann ganz vorzüglich, doch seine arrogante Ausstrahlung bereitete ihm bisher überall, wo er spielte, Probleme. Zuerst auf Schalke, wechselte der Mann dann anschließend für eine kurze Zeit nach Mailand, zum AC. Da scheiterte er aber schnell und kehrte ins Ruhrgebiet zurück. Allerdings zum Schalker Erzfeind Borussia Dortmund. Dort wurde er, obwohl erfolgreich, nie so richtig geliebt. Das lag zum einen an seinen arroganten Sprüchen vor der Kamera und seiner aufreizenden Lässigkeit auf dem Platz. Aber der BVB-Fan ist auch nachtragend: Schließlich hatte Lehmann mal als Torhüter von Schalke 04 ein Kopfballtor gegen den BVB erzielt – eine Demütigung für jeden echten Dortmunder. Wer Lehmann allerdings außerhalb des Fußballstadions über den Weg läuft, kommt aus dem Staunen nicht mehr heraus. Dieser gut aussehende, freundliche Lockenmann soll auf dem Platz ein Stinkstiefel sein? Dieser wohlerzogene, bedächtige Herr? Die Wahrheit: Jawohl, ist er. Vermutlich eine Nervensache. Zuletzt schob ihn Borussia

Dortmund ab: Lehmann spielt jetzt für den englischen Spitzenclub Arsenal London. Sicher keine Verschlechterung für Lehmann. Und der BVB ist zwar nun ein menschliches Problem los, hat aber dafür ein sportliches …

Insiderfakt für die Expertenrunde

Es gibt gleich zwei »lustige« Anekdoten zu Jens Lehmann: Zum einen soll er, so hört man immer wieder, seinem ehemaligen Kollegen Knut Reinhardt die Frau ausgespannt haben, Conny Hompesch nämlich, mit der er heute zusammen lebt. Aber wahrscheinlich war das alles ganz anders, und die hatten sich – wie im Hause Strunz/Effenberg – sowieso schon auseinander gelebt … Die andere Geschichte liegt lange zurück, wird aber auf Schalke immer noch gern erzählt: Bei einem Bundesligaspiel wurde der nervenschwache, unsichere Torhüter Lehmann bereits zur Halbzeit ausgewechselt, er verließ daraufhin noch vor dem Ende des Spiels geknickt das Stadion und fuhr mit der Straßenbahn nach Hause. Hoffentlich hatte er sich wenigstens vorher noch geduscht!

Frank Rost

Was muss man über den wissen?

Der dritte Torhüter der deutschen Nationalmannschaft, und was soll man sagen: Kahn und Lehmann steht der bullige Rost – 1,94 groß – in nichts nach. Manchmal muss man den Eindruck haben, das Vorurteil, Torhüter hätten nie alle Latten im Zaun, trifft unbedingt zu. Auch Rost scheißt seine Mitspieler lauthals zusammen, wenn die nicht so parieren, wie der ehrgeizige Keeper sich das vorstellt, und dann können wir im Fernsehen einen Herrn bestaunen, dessen Adern am Hals ungefähr den Durchmesser von Schiffstauen annehmen. Sein Glück: Er steht nicht ganz so im Rampenlicht, und auch während der EM wird Rost wohl kaum im Tor stehen, sofern Kahn und Lehmann nichts Wildes widerfährt. Und für die Zeit nach der EM steht schon der smarte Hildebrand vom VfB Stuttgart in den Startlöchern – könnte sein, dass der gebürtige Chemnitzer Rost nie so wirklich durchbricht ... Also brauchen Sie sich den Namen auch nicht zu merken. Ein Glückskind ist er nun wahrlich nicht. So wechselte der Mann von Werder Bremen zum vermeintlichen Spitzenclub Schalke 04, weil er endlich um die Meisterschaft mitspielen wollte. Das klappt nicht so richtig. Schalke ist im grauen Mittelmaß verschwunden. Dafür spielt Werder Bremen jetzt plötzlich Fußball vom andern Stern und ganz vorne mit ...

Insiderfakt für die Expertenrunde

Natürlich sind wir weit davon entfernt, jemanden zu ächten, nur weil er komische Musik hört und mit seiner Freizeit nix Sinnvolles anzustellen weiß. Deshalb ist es auch völlig wertfrei, wenn wir Ihnen verraten, dass Rost im Keller seines Hauses eine Modelleisenbahn stehen hat, mit der er spielt, wenn er nicht gerade auf dem Golfplatz unterwegs ist. Und er hört dazu Phil Collins. Kann man ja machen, kein Problem.

Miro Klose

Was muss man über den wissen?

Miroslav Klose kann Salti schlagen, und wollen wir im Sinne der deutschen Nationalmannschaft mal hoffen, dass er bei der EM auch Gelegenheit dazu findet. Einen Salto schlägt Turnfreund Klose nämlich immer, wenn er ein Tor erzielt hat. Bei der WM in Südkorea kam das häufiger vor, zumindest in den Spielen gegen die leichteren Gegner, und so hat sich der schüchterne Wahl-Pfälzer den Ruf einer gewissen Klasse erarbeitet. Er stammt aus Polen, kam als kleiner Junge nach Deutschland und hatte zuerst einmal ziemliche Probleme in der Schule. Sportlich hatte er mehr Talent. Kein Wunder, bei diesem Genpool: Sein Vater war Fußballprofi, unter anderem in Frankreich bei AJ Auxerre, seine Mutter vielfache Handballnationalspielerin für Polen. In erster Linie ist Klose schnell und kopfballstark, das heißt: Er springt richtig, richtig hoch ... Unter optischen Gesichtspunkten ist unser Miro aber eher eine laue Erscheinung mit seiner öden Fußballerfrisur und dem trüben Suppenkasperblick. Allerdings ist er auch kein Möchtegern-Popstar und hält sich in der Öffentlichkeit wohltuend zurück, obwohl ihn bei seinem Verein Kaiserslautern eine Art Heiligenschein umflort. Der Verein hat sich quasi im Wechsel auf seinen Wert vor der Pleite gerettet. Der Nachteil für Klose: Demnächst wird dieser Wechsel eingelöst, und der brave Miro muss zu einem Klub wechseln, der vermutlich ein wenig mehr Druck ausüben wird. Wir tippen mal: Leverkusen, Stuttgart oder Bremen. Ins Ausland geht der brave Mann sicher nicht.

Insiderfakt für die Expertenrunde

Es ist immer wieder putzig, was der gemeine Profifußballer auf seiner persönlichen Homepage verrät. So verspeist Klose, über den unter anderem auch zu erfahren ist, dass er einst in der Bezirksliga für den SG Blaubach-Diedelkopf spielte, besonders gern Putenschnitzel mit Bratkartoffeln. Wir verzehrten uns danach, das in Erfahrung zu bringen.

Andreas Hinkel

Was muss man über den wissen?

Ein Name, den Sie sich merken sollten. Hinkel ist erst 22 Jahre alt, also noch ziemlich grün hinter den Ohren, und hat auch noch nicht allzu lange gespielt. Seit zwei Jahren gehört der schnelle, technisch gute Läufer auf der rechten Seite zum Team des VfB Stuttgart. Auch er hat großen Anteil daran, dass der VfB so eine grandiose Entwicklung genommen hat. Er ist schneller als die meisten Gegenspieler und neuerdings sogar leidlich torgefährlich, obwohl er ursprünglich eher defensive Aufgaben erfüllen sollte. Dabei sieht der Mann aus, als ob ihn Mutti noch allabendlich zu Bett bringt: irgendwie lieb, flaumig und wie ein Ministrant auf Ausgang. Aber Hinkel weiß ganz genau, was er tut, und so zögerlich, wie er aussieht, spielt er auf dem Platz keineswegs. Wenn das alles so weiter geht, wird er in der deutschen Nationalmannschaft auf der rechten Seite über Jahre hinweg keinen Konkurrenten zu fürchten haben.

Insiderfakt für die Expertenrunde

Mit 22 Jahren ausgesorgt: Das ist die Geschichte von Andreas Hinkel … Im letzten Herbst sorgte er zusammen mit Kevin Kuranyi für einigen Trubel, denn die Vertragsverlängerung mit dem VfB Stuttgart und Felix Magath zogen sich ein wenig hin. Hinkel war dann der Erste, der auf viel Geld verzichtete, weil er die sportlichen Perspektiven des VFB Stuttgarts höher bewertete als die Aussicht aufs schnelle Geld. Trotzdem: Mitleid muss man mit Hinkel nicht haben. Er erhält bis zum Jahr 2007 jährlich um die 2 Millionen Euro. Tja. Kicken müsste man können …

Frank Baumann

Was muss man über den wissen?

Da bietet sich ein schwachbrüstiges Wortspiel an: Baumann = Graumann. Der Mann spielt für Werder Bremen und dürfte in Sachen Sexappeal und/oder Glamour so ziemlich der unscheinbarste Kicker sein, der je das deutsche Nationaltrikot getragen hat. Selbst regelmäßige Sportschau-Zuschauer werden den blassen, irgendwie immer gequält dreinschauenden Defensiv-Allrounder nicht einschätzen können. Was kann der überhaupt? Außer Blut spenden? (Oder wie erklären Sie sich seine anämische Ausstrahlung?) Insider behaupten, er sei mannschaftsdienlich, integer, taktisch smart und technisch irgendwie nicht schlecht, was unter dem Strich heißt: Er kann von allem ein bisschen, aber nichts so wirklich toll. Machen wir uns nichts vor: Vor 20 Jahren hätte so ein Typ wie Baumann die Nationalmannschaft nur aus dem Fernsehen gekannt. Andererseits: Wolfgang Dremmler, Hansi Pflügler oder Günter Hermann haben damals auch mitgespielt. Auch wenn sich heute niemand mehr daran erinnern will ...

Insiderfakt für die Expertenrunde

Ein einziges Mal verließ Frank Baumann in seiner inzwischen doch schon ganz schön langen Karriere die zweite Reihe der Ruhmreichen und avancierte für einen Spieltag zum Gesprächsthema der Bundesliga. Das war am 29.5.1999, und man schrieb den letzten Spieltag der Saison. Der FC Nürnberg stieg an diesem Tag überraschend aus der Bundesliga ab, durch ein 1:2 auf eigenem Platz gegen den Freiburger SC. Und Frank Baumann hätte es verhindern können. Einen vom Pfosten abprallenden Ball schob er aus sechs Metern dem Torwart der Freiburger, Golz, in die Arme. Ganz Nürnberg stöhnte entsetzt auf. Nur Baumann konnte nach dem Schlusspfiff aufatmen. Für ihn war es das letzte Spiel für die Nürnberger, sein Vertrag in Bremen war zu diesem Zeitpunkt bereits unterschrieben. Vermutlich hat er trotzdem schlecht geschlafen.

Torsten Frings

Was muss man über den wissen?

Kompaktes Kerlchen, das sich auf dem Spielfeld meistens auf der rechten Seite aufhält und läuft und läuft und läuft wie weiland der VW Käfer. Er ist auch ungefähr so breit und verfügt über beachtlich dicke Beinchen für einen Fußballer. Trotzdem wirkt Torsten Frings nicht gerade langsam, und das gilt auch für seine Statements vor der Kamera. Der in Alsdorf bei Aachen geborene Stampffuß drückt sich unmissverständlich und deutlich aus, wodurch er sich bereits die ein oder andere Geldstrafe eingehandelt hat. Ein Langweiler ist er nicht, das ist sicher, und seinen Willen setzt der ehemalige Stürmer, der zum Mittelfeldmann umfunktioniert worden ist, meistens durch. So verließ er trotz zahlreicher Angebote und weinerlichen Flehens von Werder Bremen den Verein und wechselte vor Ablauf seines Vertrages für 8,5 Millionen Euro nach Dortmund.

Insiderfakt für die Expertenrunde

Der stämmige Wahl-Dortmunder wird seit Jahren von den Kollegen nur »Lutscher« genannt, was ja wirklich nicht sehr schmeichelhaft ist. Seinen Ursprung hat das aber in einer kleinen Respektlosigkeit, die sich Frings selbst zuzuschreiben hat: Den damaligen Star der Bremer, Andi Herzog, bezeichnete Frings in seinen ersten Tagen in Bremen eben als »Lutscher« – und diesen Namen wurde er dann selbst nie wieder los …

Was dürfen wir voraussetzen?

Das EM-Rätsel für Frauen – 25 Fragen zu heiteren Themen aus der großen, bunten Fußballwelt

Mit einer Auflösung, sodass Sie wissen, WAS Sie wissen und ob Sie in größerer Runde besser mal den Mund halten sollten …

1. Wie heißt der deutsche Teamchef?

a. Berti Vogts
b. Rudi Völler
c. Uwe Seeler
d. Dieter Kürten

2. Was ist ein Libero?

a. Ein Single
b. Franz Beckenbauer
c. Ausgestorbene Spezies
d. Botschafter von Liberia

3. Was ist eine Bananenflanke?

a. Problemzone älterer Afrikanerinnen

b. So ziemlich alle missratenen Eingaben der deutschen Außenstürmer
c. Üppiges Areal des Büffetaufbaus im deutschen Trainingslager
d. Raffinierte, hohe Vorlage mit Effet

4. Wer von den folgenden Spielern ist kein deutscher Nationalspieler?

a. Gerald Asamoah
b. Sean Dundee
c. Timm Taler
d. Kevin Kuranyi

5. Welches Model war noch nicht mit einem Fußballer zusammen?

a. Linda Evangelista
b. Mamen Sanz
c. Katie Price
d. Naomi Campell

6. Welcher Begriff ist im Fußballsport eher unbekannt und/oder unüblich?

a. Auf der Bank
b. In der Kiste
c. An der Wendemarke
d. Neben der Kappe

7. Welchen Nebenberuf übte Günter Netzer während seiner aktiven Laufbahn als Fußballprofi aus?

a. Diskothekenbesitzer
b. Friseur
c. TV-Kommentator
d. Gigolo

8. Welche Nation steht in dem Ruf, trotz bedenklicher Ernährungsgewohnheiten voll sporttauglich zu sein und die EM gewinnen zu können?

a. Österreich
b. Schweden
c. Italien
d. Dänemark

9. Welcher deutsche Nationalspieler führte den Begriff der »Spielergattinmanagerin« in Deutschland ein?

a. Schumacher
b. Bäcker
c. Schuster
d. Maurer

10. Wer war nie Bundestrainer?

a. Nerz
b. Bismarck
c. Schön
d. Herberger

11. Was ist ein Meidericher?

a. Ein stolzes Gründungsmitglied der Bundesliga
b. Salzgebäck
c. Eine komplizierte Knöchelverletzung
d. Schiedsrichterassistent

12. Was stand auf dem T-Shirt, das der Cottbuser Willi Kronhardt 1997 beim 3:0-Pokalsieg gegen den Karlsruhe SC entblößte? (Er leitete damit den Botschaften-Boom auf den Unterhemden der Profis ein ...)

a. Jesus
b. Jule
c. Jenny
d. Jippieh!

13. Welcher dieser Künstler wollte ernsthaft Fußballprofi werden?

a. Rod Stewart

b. Liam Gallagher
c. Sönke Wortmann
d. Elton John

14. Wie heißt die neue Freundin des deutschen Nationaltorhüters Oliver Kahn?

a. Verena
b. Verona
c. Naddel
d. Puffy

15. Welcher der folgenden Nationalspieler stammt nicht aus der ehemaligen DDR?

a. Michael Ballack
b. Ulf Kirsten
c. Jens Lehmann
d. Andreas Thom

16. Welcher deutscher Spieler wechselte ins Ausland und lernte dort nicht seine zweite Ehefrau kennen?

a. Pierre Littbarski
b. Rudi Völler
c. Lothar Matthäus
d. Stefan Effenberg

17. Wer war Horst Gregorio Canellas?

a. Erster Profischiedsrichter Deutschlands
b. Der Auslöser des Bundesligaskandals 1971
c. Der Schwippschwager von Franz Beckenbauer
d. Der erste Dopingtote der Bundesliga

18. Wer sagt von sich, wenn auf seinem Grabstein nur »Hamburg '74« stünde, wisse jeder Bescheid?

a. Jürgen Sparwasser
b. Dieter Schlindwein
c. Cacau
d. Jürgen Feinbier

19. Welches Dorf spielte im deutschen Profi-Fußball noch nie eine Rolle?

a. Alsenborn
b. Dankersen
c. Unterhaching
d. Burghausen

20. Welchen Verein gibt es in der Bundesliga nicht?

a. Hamburger Spielverein

b. Bayern München
c. Borussia Dortmund
d. Hansa Rostock

21. Welcher deutsche Nationalspieler erzielte bei der EM 1996 das Golden Goal?

a. Hanne Weiner
b. Oliver Bierhoff
c. Gerd Trinklein
d. Heinz Pott

22. Aus welchem Ort stammt der Jungnationalspieler Benny Lauth?

a. Lachsheim-Laar
b. Aalberg-Bramsch
c. Fischbach-Au
d. Krebsdorf-Lahn

23. Das Bernabeu-Stadion steht in ...

a. Bern
b. Madrid
c. Kirchheim-Teck
d. Turin

24. Der Spitzname von Rudi Völler lautet ...

a. Onkel Heinz
b. Tante Käthe
c. Hausmeister Krause
d. Bratwurst

25. Wie hieß »Football's coming home«, die Hymne der Lightning Seeds zur EM 1996, im Original?

a. Three Lions
b. Ball and Chain
c. Soccer Age
d. One Eagle

Auflösung:

Zu 1.

- 1 Punkt für b. ***Rudi Völler***

Berti Vogts *war* immerhin mal für eine, bis auf den EM-Titel 1996 allerdings glücklose Zeit deutscher Bundestrainer, jetzt trainiert er die braven Schotten. Dieter Kürten sieht zwar aus wie Erich Ribbeck und hat vermutlich mehr Sachverstand, steht aber nur dem *Aktuellen Sportstudio* des ZDF vor. Und Uwe Seeler ist zwar Hamburger

Ehrenbürger und hat vermutlich die Stadtgrenzen seit zehn Jahren nicht mehr verlassen, als Trainer oder Funktionär aber arbeitet der ewige Kopfballspezialist schon lange nicht mehr.

Zu 2.

••• 3 Punkte für c. ***Ausgestorbene Spezies***
• 1 Punkt für b. ***Beckenbauer***

Das ist eine knifflige Frage, das ist uns bewusst. Natürlich fällt einem sofort Franz Beckenbauer ein, der in den Siebzigerjahren als Inbegriff des Liberos galt. Ihm ist zu verdanken, dass es auf dem Dorf immer noch Kicker gibt, die mit der Nummer 5 auflaufen, den Ball prinzipiell nur mit dem Außenrist spielen und tunlichst vermeiden, sich während eines Spiels schmutzig zu machen oder zu schwitzen.

Im modernen Fußball allerdings – na ja, also dem, der von komischen Ideen rundum geschulter Ausbilder präsentiert wird – ist die Position des Liberos aufgegeben worden. Stattdessen spielt man nun auf einer Linie … Das zu erklären würde sicher ein wenig zu weit führen, doch glauben Sie uns einfach – es ist so. (Oder schauen Sie an anderer Stelle dieses Buches unter »Viererkette« nach.)

Aber wir sind wenigstens so nett und vergeben für die Antwort »Beckenbauer« ein Gnadenpünktchen … Er ist und bleibt der Inbegriff des »freien Mannes« – in jeder erdenklichen Hinsicht.

Zu 3.

•• 2 Punkte für d. ***Raffinierte Vorlage***

Die Bananenflanke wurde vermutlich von Manni Kaltz erfunden, einem rechten Verteidiger des Hamburger Sportvereins. Man muss sich die Flugkurve seiner Flanken so krumm geformt wie eine Banane vorstellen, was besonders für gegnerische Torhüter keine erfreuliche, weil unberechenbare Angelegenheit war. Kaltz hatte zudem einen Herrn namens Hrubesch in seinem Team, der ohne Rücksicht auf zu erwartende Folgeschäden seinen Schädel in diese Bälle wuchtete. Traumduo nannte man das damals beim HSV. Heute ist die Bananenflanke längst enträtselt, doch es gibt nach wie vor einige wenige Spieler, die sie in Vollendung beherrschen. Nein, keine Deutschen. Der Engländer David Beckham hingegen lebt von dieser Fähigkeit ganz luxuriös inzwischen in Madrid.

Zu 4.

• 1 Punkt für c. ***Timm Taler***

Auch wenn die Namen Kuranyi, Dundee oder Asamoah nicht unbedingt nach deutscher Wohnküche klingen – die Herren sind schon für unser aller Vaterland in die Klamotten gestiegen. Herr Taler hingegen war ein staksiger TV-Held im Kinder- und Jugendprogramm des deutschen Fernsehens, und soweit wir wissen, konnte er überhaupt nicht kicken, also maximal so viel wie etwa die deutschen Nationalspieler Ramelow oder Rehmer …

Zu 5.

••• 3 Punkte für d. ***Naomi Campbell***

Das war wirklich eine gemeine Frage, denn man sollte annehmen, dass gerade Naomi Campbell inzwischen schon mit Vertretern *jedes* Berufsstandes liiert war, vom Arzt bis zum Zimmermann. Tatsächlich steht aber kein Kicker auf der Liste – bisher. Falls sich dieser Umstand bis zum Erscheinen dieses Buches ändern sollte, bitten wir vielmals um Verzeihung.

Zu 6.

• 1 Punkt für c. ***An der Wendemarke***

»Auf der Bank« sitzen die Herren, die es nicht ins Team geschafft haben, also Auswechselspieler sind, auch wenn sie heutzutage aus pädagogischen Gründen Ergänzungsspieler heißen. Egal: So oder so dürfen sie erst mal nicht mitspielen. »In der Kiste« stehen in der Regel Torhüter, Assoziationen aus dem Bereich der Unterleibsgymnastik sind hier zwar nahe liegend, aber falsch. »Neben der Kappe« sind in der Regel pro Spieltag eine Menge Kicker, namentlich jene, die im Fußballfachblatt gleichen Namens eine schlechtere Note als 4 erhalten und von ihrem Trainer in der anschließenden Pressekonferenz in die Pfanne gehauen werden. Bleibt also c. »An der Wendemarke« – ein Begriff aus dem Wassersport, auch in der Politik nicht unüblich.

Zu 7.

•• 2 Punkte für a. ***Diskothekenbesitzer***

Günter Netzer war früher mal ein spannender Zeitgenosse, der während seiner aktiven Zeit die längsten Haare auftrug, die schnellsten Automobile durch Mönchengladbach karriolte und eben auch eine Diskothek betrieb. Inzwischen ist er ein gepflegter Langweiler (s.: Nelling) mit einem Hang zur staatstragenden Bemerkung, außerdem vermakelt er Sportrechte. Tja, so ändern sich die Zeiten.

Zu 8.

••• 3 Punkte für d. ***Dänemark***

Zur EM 1992 waren die Dänen nicht mal qualifiziert. Doch da die Unruhen im Balkan verhinderten, dass die eigentlich qualifizierten Jugoslawen an der EM teilnehmen durften, wurden die Dänen sehr kurzfristig eingeladen und die Spieler zum großen Teil aus dem Strandurlaub zurück aufs Feld gerufen. Während alle anderen Nationen sich akribisch auf das Turnier vorbereitet hatten, sonnten sich die Dänen auf Mallorca und ernährten sich – von der Weltpresse erst verlacht, dann bestaunt – hauptsächlich von Fastfood. Jedenfalls kursierten diese Bilder von Hotdogs und Hamburger mampfenden Dänen auf der ganzen Welt. Am Ende gewannen die Dänen die EM, und alle Ernährungs- und Sportwissenschaftler bissen vor Ärger in ihre Trainingspläne …

Zu 9.

••• 3 Punkte für c. ***Gaby Schuster***

Braungebrannt, blond und bitchy: Die Ehefrau des Augsburger Wunderkickers Bernd Schuster, den es nach seiner Zeit beim FC Köln nach Madrid und Barcelona zog, handelte für ihren Gatten traumhafte Verträge aus. Dass eine Frau in der Männerdomäne des Fußballs Einzug halten und dort Vereinsbosse über den Tisch ziehen konnte, gehört heute noch zu den ungeklärten Mysterien der Branche. Angela Häßler und Bianca Illgner traten später in die Fußstapfen der toughen Gaby, die in der wunderbar infantilen Biografie von Stefan Effenberg auch noch einmal zu Ehren kommt.

Zu 10.

• 1 Punkt für b. ***Bismarck***

Okay, das war einfach für Leute mit historischem Bewusstsein. Nerz, Schön und Herberger waren Fußballbundestrainer, wohingegen Bismarck bloß den Hering erfand.

Zu 11.

••• 3 Punkte für a. ***Stolzes Bundesligagründungsmitglied***

Als 1963 die Fußballbundesliga gegründet wurde, spielte darin ein Verein mit dem Namen Meidericher SV. Bayern München übrigens war damals noch nicht dabei ... Schöne Zeiten, unbedingt. Meiderich ist ein Stadtteil von Duisburg, was irgendwann den Stadtvätern auffiel. So heißt der Verein heute MSV Duisburg, vielleicht hat der ein oder andere schon von ihm gehört.

Zu 12.

•• 2 Punkte für b. ***Jule***

Man weiß nicht genau, ob man Kronhardt dankbar sein soll, denn seitdem der ehemals in Cottbus kickende Stürmer seiner Freundin Jule einen Gruß via Unterhemd vor Live-Kamera zukommen ließ, bemalen selbst Vorstopper im Sauerländer Raum ihre Schiesser-Feinrippphemdchen mit Botschaften von »Jesus lebt« bis »Ich bin gegen die Deutsche Bahn!«. Inzwischen hat der DFB regulierend eingegriffen, aber *das* ist ja auch wieder doof ...

Zu 13.

••• 3 Punkte für a-d. ***Alle wollten Fußballer werden***

So ganz nah dran war keiner der Herren, aber es ist glaubwürdig überliefert, dass sie alle halbwegs talentierte Fußballer gewesen sein müssen. Oder ihre PR-Abteilungen haben gut gearbeitet, wer weiß das schon.

Zu 14.

• 1 Punkt für a. ***Verena***

Man muss schon ein paar Monate mit geschlossenen Augen und Ohren durch diese Republik geschlafwandelt sein, um *nicht* über Olli Kahns Liebesleben in Kenntnis gesetzt worden zu sein. Seine Frau heißt Simone, seine Freundin Verena und der Mann macht weiter, immer weiter …

Zu 15.

•• 2 Punkte für c. ***Jens Lehmann***

Auch wenn er manchmal so wirkt, als ob er bei Traktor Treplow groß geworden ist und in Karl-Marx-Stadt zum Friseur geht – Jens Lehmann ist westdeutschen Ursprungs. Geboren 1969 in Essen. Er kann's beweisen.

Zu 16.

• 1 Punkt für d. ***Stefan Effenberg***

Dieser zurückhaltende junge Mann mit der guten Kinderstube ging auf Nummer sicher und sorgte bereits vor seiner Abreise in die Arabischen Emirate für Abwechslung in seinem Liebesleben. Er erwählte die Frau des Kollegen Strunz für seinen weiteren Lebensweg. Frau Ex-Strunz nennt sich jetzt wieder Köhler, und wir wünschen an dieser Stelle weiterhin frohes Gelingen.

Zu 17.

•• 2 Punkte für b. ***Auslöser des Bundesligaskandals***

Der Fußballpräsident Horst Gregorio Canellas entschied sich 1971, seine eigene Geburtstagsfeier ein wenig aufzupeppen. Wenn er es schon nicht geschafft hatte, seinen Verein, die Offenbacher Kickers, vor dem Abstieg aus der Bundesliga zu retten, so gönnte er doch auch den anderen Vereinen nicht das Schwarze unter dem Fingernagel. Er spielte eine Tonbandaufzeichnung ab, und es ging dort um verschobene Spiele, Bestechungsgelder und Eigentore in der vergangenen Saison. Vorsichtshalber hatte er die gesamte bundesdeutsche Presse zu seiner Enthüllungsparty eingeladen. Der größte Skandal in der Geschichte der inzwischen 40-jährigen Bundesliga kam auf diese Weise ans Tageslicht, zahlreiche Spieler erhielten Geldstrafen und Berufsverbote.

Zu 18.

•• 2 Punkte für a. ***Jürgen Sparwasser***

In der Vorrunde der WM 1974 traf Deutschland auf den sozialistischen Bruder aus der DDR. Hoch favorisiert stümperte sich die Helmut-Schön-Truppe in Hamburg durch das Spiel, bis der Magdeburger Sparwasser sich kurz vor Spielende erbarmte, mit dem Ball durch die kapitalistisch verseuchten Abwehrreihen der westdeutschen Mannschaft spazierte und den Ball zum 1:0 Sieg für die DDR über die Linie wuchtete. Langfristig nutzte das der DDR nichts, aber seit diesem Tag gilt Jürgen Sparwasser all jenen, die jenseits der Mauer auf Nutella und Nylonstrumpfhosen hofften, als Held der Arbeit …

Zu 19.

••• 3 Punkte für b. ***Dankersen***

Alsenborn galt in den 60er- und 70er-Jahren als eine Art gallische Bastion unter Römern – das kleine Kaff im Südwesten der Republik hielt sich wacker im bezahlten Fußball und wäre beinahe mal in die erste Bundesliga aufgestiegen. Das sind auch die Ziele der aktuellen bayerischen Zweitligisten von Burghausen und Unterhaching, wobei Haching, wie der Kenner sagt, ja schon einschlägige Erfahrungen hinter sich hat. Nur Dankersen hat keine große Fußball-Tradition. Stattdessen gehörte der örtliche Verein Grün-Weiß jahrzehntelang zur Crème de la Crème des Handballsports und brachte den deutschen Altinternationalen Herbert Lübking hervor.

Zu 20.

- 1 Punkt für a. ***Hamburger Spielverein***

Auch wenn das, was in Hamburg zur Zeit in der AOL-Arena geboten wird, nur bedingt mit Sport (aber noch viel weniger mit Spiel) zu tun hat: Der heimische Verein heißt Hamburger Sportverein, schon immer.

Zu 21.

- 1 Punkt für b. ***Oliver Bierhoff***

Es war kein besonders schönes Tor, das Oliver Bierhoff 1996 gegen die Tschechen erzielte, aber es war wichtig … Berti Vogts einziger Triumph als Trainer der deutschen Nationalmannschaft und der größte Fehler, den der tschechische Torhüter Petr Kouba in seiner Karriere je gemacht haben dürfte …

Zu 22.

•• 2 Punkte für c. ***Fischbach-Au***

Falls das mal jemand besuchen möchte, um der Lauth-Sippe aufzulauern oder das örtliche Schwimmbad zu besuchen: Fischbach-Au liegt in Bayern, und man sollte auf der Autobahn Richtung Salzburg bei Bad Aibling abfahren. Der Rest ist ausgeschildert. Schön da, durchaus.

Zu 23.

• 1 Punkt für b. ***Madrid***

Eines der schönsten Stadien der Welt, ständig ausverkauft und von Real Madrid bespielt, der vermutlich besten Mannschaft der Welt. Figo, Beckham, Romario, Raul, Roberto Carlos – hier werden Messen gelesen.

Zu 24.

• 1 Punkt für b. ***Tante Käthe***

Ungewöhnlich ironischer Einfall eines unbekannten Fußballfreundes, vermutlich Lohnschreiber einer Boulevard-Gazette. Der Kampfname basiert wohl auf der Annahme, dass solch eine Frisur, wie Rudi Völler sie jetzt seit nahezu 20 Jahren aufträgt, nur noch von Tanten mit dem Namen Käthe ertragen werden. Eine berechtigte Unterstellung.

Zu 25.

•• 2 Punkte für a. ***Three Lions***

Drei Löwen prangen im Wappen der englischen Mannschaft. Die hat trotzdem seit ein paar Jahrhunderten nichts mehr gewonnen, und das wird auch so bleiben.

Auswertung

45 – 50 Punkte: ***Fußballfachfrau***

Sie können sich mitten ins Getümmel stürzen, als Überraschungsgast in der DSF-Viererkette auftreten und haben bei jeder Fußballwette beste Chancen, den Jackpot zu knacken. Kompliment!

38 – 44 Punkte: ***Bedingt sachverständig***

Die ganz dicke Lippe würden wir an Ihrer Stelle nicht riskieren, aber es reicht allemal, sich bei den gemischt-geschlechtlichen TV-Fußballfesten in die ersten fünf Reihen zu setzen und immer mal wieder das Wort zu ergreifen, ohne anschließend vor Scham in den Premiere-Decoder beißen zu müssen.

25 – 37 Punkte: ***Sozialarbeiterin***

Sie haben zwar schon mal die ein oder andere Information aufgeschnappt und können sie auch im passenden Moment gewinnbringend einsetzen. Trotzdem würden wir Ihnen empfehlen, sich in fachkundiger Runde auf die Verfertigung von Käseigeln zu konzentrieren und darauf zu hoffen, dass niemand nachfragt.

10 – 24 Punkte: ***Beisitzerin***

Setzen Sie sich unauffällig ab Reihe neun an den Rand, achten Sie darauf, nicht allzu sachkundig aus der Wäsche zu schauen, und vermeiden Sie Gespräche, in denen Begriffe aus der Familie des Fußballsports erwartet werden. Wenn Sie Glück haben, kommen Sie unbeschadet durch die vier Wochen EM. Und lesen Sie dieses Buch!!!

0 – 9 Punkte: ***Ahnungslose***

Denken Sie nicht mal daran, einen öffentlichen Raum zu betreten, in dem Fußballspiele gezeigt werden, selbst wenn sich Ihr Mann und Ihre gesamte Familie darin aufhalten sollten. Verordnen Sie sich ein Schweigegelübde. Und lesen Sie dieses Buch, ach was: LERNEN SIE ES AUSWENDIG!!!

Die Ecke für die Kulturfreundin

Die besten Fußballfilme

Fußball ist spannend und unterhaltsam, wird von Männern gespielt, die manchmal spannend und unterhaltsam sind, schwankt zwischen Komödie und Tragödie, und galt trotzdem lange als unverfilmbar. Niemand wollte gute Schauspieler sehen, die schlecht Fußball spielen. Und erst recht keine schlechten Schauspieler, die dafür den Ball einigermaßen geradeaus schießen können. Wir präsentieren: zehn wunderbare Leinwandkompromisse. Unbedingt als Vorbereitung für große Spiele zu empfehlen – Sie lernen was, und manchmal werden Sie sogar gut unterhalten …

Fußball wie noch nie
Deutschland
Regie: Hellmuth Costard
1970, 99 Minuten

Sechs Kameras verfolgen während eines Spiels von Manchester United gegen Coventry City ausschließlich einen Spieler: den legendären Außenstürmer George Best. Ein Ball ist fast nie zu sehen, dafür wirkt Best wie ein wirrer Balletttänzer. Ein dadaistisches Vergnügen.

Escape to Victory
USA
Regie: John Houston
1981, 110 Minuten

Ein deutsches Gefangenenlager während des Zweiten Weltkrieges. Die Wärter schlagen den alliierten Gefangenen ein Spiel vor. Die akzeptieren, weil sie die Möglichkeit zur Flucht sehen. Überraschenderweise packt sie dann doch der Ehrgeiz.

Die Fußballszenen sind von Pelé arrangiert, im Tor steht Sylvester Stallone. So merkwürdig die Besetzung, so merkwürdig der Film.

Nordkurve
Deutschland
Regie: Adolf Winkelmann
1992, 100 Minuten

Fiese Spielervermittler, randalierende Fans, fremdgehende Spieler, überforderte Manager, korrupte Präsidenten, das Ganze im Ruhrpott – quasi ein Jahr Sportschau in einem Film. Sehr großartig.

The Final Kick
Internationale Koproduktion
Regie: Andreas Rogenhagen
1994, 56 Minuten

Exzellente Vorbereitung auf das EM-Finale: Rogenhagen und 40 internationale Kollegen sahen Menschen am 17. Ju-

li 1994 beim Fußballgucken zu. Gegeben wird das WM-Finale Brasilien gegen Italien, und gezeigt werden so wunderbare Schauplätze wie eine Rentierfarm in Finnland, der Harem eines Stammesfürsten in Kamerun (ja, auch die 50 Ehefrauen schauen mit) und die Copa Cabana in Rio.

Fever Pitch
Großbritannien
Regie: David Evans
1997, 105 Minuten

Eigentlich nur für den Fall zu empfehlen, dass Sie es wirklich nicht mehr schaffen, das Buch von Nick Hornby zu lesen. Was Ihr Freund sagen wird: »Wollen wir nicht auch direkt neben ein Fußballstadion ziehen?«

My Name is Joe
Großbritannien
Regie: Ken Loach
1998, 105 Minuten

Die schlechteste Mannschaft von Glasgow trägt die Trikots der vielleicht besten deutschen Nationalmannschaft. Sie können also als Nebeneffekt die Aufstellung des 74er-Teams auswendig lernen oder ganz einfach Joe zusehen, wie er sich als Trainer der Losertruppe durchs Leben schlägt.

Spiel der Götter
Bhutan/Australien
Regie: Khyentse Norbu
1999, 94 Minuten

Schüler eines buddhistischen Klosters sind in der schwierigen Lage, ihren Lehrern erklären zu müssen, warum man dringend eine Satellitenanlage anschaffen muss.

Antwort: Natürlich, um die Fußball-WM zu sehen. Problem: ist leider nicht Teil des buddhistischen Erziehungsauftrags.

Mean Machine
Großbritannien
Regie: Barry Skolnick
2001, 95 Minuten

Hauptdarsteller Vinnie Jones hält in der englischen Premier League noch immer den fabelhaften Rekord der schnellsten gezogenen gelben Karte: Er erhielt sie drei Sekunden nach Anpfiff. Hier spielt er den Ex-Profi Danny »Mean Machine« Meehan, der für drei Jahre in den Knast muss. Und dort – was Wunder – ein Fußballspiel gegen die Wärter organisiert. Das Ganze ist ein Remake von Burt Reynolds Film *The Longest Yard* und zeigt das spannendste Fußballspiel der Filmgeschichte.

Kick it like Beckham
Großbritannien
Regie: Gurinder Chadha
2002, 107 Minuten

Jess will Fußball spielen. Ihre Familie möchte, dass sie sich wie ein anständiges Sikh-Mädchen benimmt. Also nicht Fußball spielt. Beckham wird leider nicht von Beckham gespielt, das ist aber auch schon der einzige Kritikpunkt an diesem wunderbaren Film.

Das Wunder von Bern
Deutschland
Regie: Sönke Wortmann
2003, 118 Minuten

Sönke Wortmann behauptet, dass Frauen deutlich verheulter als Männer aus dem Kino kämen. Und dass sein Film mehr Frauen- als Fußballfilm sei. Wenn Sie beides nicht erfüllt finden, können Sie immer noch Ihr Wissen um das legendäre Team von 1954 auffrischen.

Die besten Fußballbücher

Natürlich liest so ein Fußballer nix, er hat ja einen (miesen) Ruf zu verteidigen ... Doch da auch so mancher Literat ein Freund der Balllümmelei geworden ist oder so mancher Ex-Fußballer im zivilen Leben zur Schriftstellerei fand, gibt es immer wieder schöne, eindrucksvolle Bücher rund um den Fußball. Die folgende Liste können wir Ihnen uneingeschränkt empfehlen. Wir versprechen, dass kein dröges, akademisches Werk dabei ist und die Unterhaltung nicht zu kurz kommen wird ...

Nick Hornby: Fever Pitch

Arsenal London war für den smarten Engländer Nick Hornby nicht nur ein Fußballverein, es war (und ist vermutlich) seine Religion. Verzweifelter und pointierter hat noch nie ein Mann über sein pathologisches Fan-Sein geschrieben. Und Sie finden hier aufschlussreiche Stellen über das problematische Verhältnis von Fußballfreunden zu Frauen, Familie und Verantwortung ...

Joe McGinnis: Das Wunder von Castro del Sangri

Ein italienisches Fußballmärchen nennt der amerikanische Journalist und Schriftsteller McGinnis dieses Buch, und so ist es auch geschrieben. Es handelt von dem sagenhaften Aufstieg einer abruzzischen Bauerntruppe bis in die zweite italienische Liga, der tatsächlich stattgefunden hat. McGinnis hatte keine Ahnung vom Fußball, als er nach Italien aufbrach, um diese Geschichte zu schreiben, und genau das ist die Stärke des Buches.

Javier Marias: All unsere frühen Schlachten

Wenn besonders schlaue Leute über den banalen Fußballsport schreiben, wird es gern mal schrullig. Marias aber, hoch ambitionierter Literat, bleibt herzblütiger Fan. Er liebt Real Madrid, hat selbst Linksaußen gespielt und weiß in seinen Kolumnen jedem Randaspekt des Spiels amüsante Betrachtungen abzugewinnen: Warum wohl sind spielende Spitzbartträger immer Schurken?

Sammy Drechsel: Elf Freunde müsst ihr sein

Ein Klassiker, nicht nur für Kinder: Ob es Heini Kamke mit seiner Mannschaft gelingt, die Berliner Schulmeisterschaft zu gewinnen?

Diese spannende Geschichte von den elf Freunden begeistert seit fast 50 Jahren große und kleine Fußballfans.

Rainer Moritz: Vorne fallen die Tore

Ein gebildeter, amüsanter Streifzug durch die Geschichte des Fußballsports. Mit O-Tönen von Sokrates bis Lothar Matthäus. Die Wahrheit ist nicht nur immer »aufem Platz« zu finden. Manchmal steht sie auch in Büchern …

Joachim Masannek: Die wilden Fußballkerle

Mädchen, jetzt schlägt eure Stunde. Das Buch-Äquivalent zum Film *Kick it like Beckham* stammt aus Deutschland und erzählt die ergreifende Geschichte von Vanessa, die von der Mannschaft der »Wilden Fußballkerle« nicht aufgenommen werden soll, aber den Jungs mit ihren neuen roten Lackschuhen ordentlich einen reinsemmelt. Wunderbar emanzipatorisch …

Dirk Schümer: Gott ist rund

Brillante Analysen aus der »Tiefe des Raunens« dichtete die begeisterte Kulturkritik, kein Wunder: Zwar gibt Schümer zu, dass auch er dem Fußball verfallen ist, hat sich aber trotzdem den klaren Blick auf die absurden Strukturen der Kicker-Industrie erhalten. Ein spannendes, spöttisches, schlaues Buch für den kickenden Salonlinken …

Johannes Dräxler/Harald Braun: Kleine Philosophie der Passionen: Fußball

Ist es nun eitel oder selbstbewusst, das eigene Buch zu loben? Können Sie ja selbst entscheiden. Oder lesen Sie einfach bei Amazon die Kritiken dieses bahnbrechenden Werkes: Johannes Dräxler und Harald Braun haben darin jedenfalls so ehrlich wie möglich und mit viel Herzblut die Geschichte ihrer großen Liebe zum Fußball aufgeschrieben. Sehr persönlich …

Ronald Reng: Der Traumhüter

Wie aus dem Kreisligatorhüter Lars Leese aus dem Nichts und durch eine Verkettung von vielen glücklichen Zufällen ein Profi in der englischen Premier League wurde, diese unglaubliche Geschichte hat der Sportjournalist Ronald Reng ganz wunderbar und fesselnd aufgeschrieben. Sehr sympathisch.

Klaus Bittermann: Vom Feeling her ein gutes Gefühl

Fußballer sagen bekloppte Sachen, das wissen wir inzwischen alle. In diesem Buch findet sich eine bemerkenswerte Reihe absurder Fußballerzitate, wunderbar geeignet, um sich immer wieder mal davon zu überzeugen, dass es ein paar Jungs auf der Welt gibt, die echt große Probleme haben … Aber, das sei zu ihrer Verteidigung angemerkt: Fürs Redenschwingen werden sie schließlich nicht bezahlt …

Die 10 besten Fußballlieder

Auch hier können wir auf eine kurze pädagogische Einführung nicht verzichten. (Keine Sorge, wir halten es kurz.) Also: Es gibt Lieder über Fußball, und es gibt Lieder von Fußballern, und es gibt Lieder, die beim Fußball gesungen werden. Nur die letzte Kategorie garantiert eine gewisse Qualität, da Millionen von Menschen diese Lieder für geeignet halten, sie Wochenende für Wochenende in ihren Stadien zu singen. Die Qualität ist nicht dieselbe wie die von preisgekrönten »Grammy«-Liedern, sondern begründet sich eher in einer Mischung aus fast schmerzhaftem Pathos und mitgrölbarem Refrain. Unserer festen Überzeugung nach gibt es in dieser Kategorie nur drei globale Hits:

You'll never walk alone (Richards Rodgers/Oscar Hammerstein)

Eigentlich der Hitsong aus einem zu recht vergessenen amerikanischen Musical namens *Carousel*, wurde *You'll never walk alone* zum Fußballtreueschwur schlechthin. Zunächst in Liverpool, wo die Textzeile sogar im Vereinswappen auftaucht, dann folgten Celtic, Dortmund, St. Pauli und andere. Der Song wird gern in scheinbar rettungslosen Situationen gesungen.

- Beste Textzeile: »When you walk through a storm, hold your head up high and don't be afraid of the dark.«

We are the champions (Freddie Mercury)

Wird von jedem Sieger in irgendeinem Wettbewerb mal schöner, mal weniger schön vorgetragen, aber immer voller Inbrunst.

- Beste Textzeile: »And we'll keep on fighting till the end.«

Football is coming home (David Baddiel/Frank Skinner/Ian Broudie)

England bringt es traditionell zu überhaupt nichts bei internationalen Meisterschaften, hofft aber bei jeder Neuauflage auf den großen Durchbruch. Und da diese trügerische Hoffnung jeder Fußballfan kennt, brachte es der Song zu internationalem Erfolg.

- Beste Textzeile: »No more years of hurt, no more need for dreaming.«

In der Kategorie »Fußballer singen« gibt es unfassbare Grausamkeiten. So spielte etwa die deutsche Nationalmannschaft von 1974 bis 1994 zu jeder Weltmeisterschaft eine ganze Langspielplatte ein, am liebsten mit Udo Jürgens. Wirklich erfolgreich waren diese Produkte nie. Auch die Solo-Darbietungen haben eher den Unterhaltungswert eines gepanschten Magenbitters. Hier unsere fünf Favoriten:

Fußball ist unser Leben

Die Singleauskopplung der 74er-Kompilation. Unterstützt von Tony Marschall sang sich die deutsche Nationalmannschaft auf Platz 27 der Charts.

- Beste Textzeile: »Ein jeder Gegner will uns natürlich schlagen, er kann´s versuchen, er darf es ruhig wagen. Doch sieht er denn nicht, dass hunderttausend Freunde zusammenstehn.«

Bin i Radi, bin i König

Der als leicht wahnsinnig geltende Torwart Radi Radenkovic von 1860 München brachte es mit diesem Smash-Hit immerhin auf Platz fünf der deutschen Hitparade.

- Beste Textzeile: »Ball kommt wie der Blitz, dass ich manchmal schwitz, doch ich fang fast alle mit Humor und Witz.«

Gute Freunde kann niemand trennen

Franz Beckenbauer macht heute sehr viele merkwürdige Dinge. Das war 1966 nicht anders: Er sang. Immerhin Platz 31.

- Beste Textzeile: »Du kannst auch Leid ertragen, wenn dir die Sonne scheint, aber in schweren Tagen, da brauchst du einen Freund.«

Dann macht es Bumm!

Wer Gerd Müller damals ins Tonstudio gezwungen hat, ist nicht mehr zu ermitteln. Heute spricht der Torschützenkönig vielleicht aus diesem Grunde am liebsten gar nicht mehr.

- Beste Textzeile: »Dann macht es Bumm – dann gibt's ein Tor – und alles schreit dann: Müller vor.«

Head over Heals in Love

Dieser sehr fiese Schmachtfetzen, produziert von Smokie-Sänger Chris Norman, ist wohl der einzige Song eines Fußballers, der nun gar nicht von Fußball handelt und es dennoch zu einem gewissen Erfolg brachte. Kevin Keegan, einst beim HSV, später zeitweise Trainer der englischen Nationalmannschaft, hielt sich damit sechs Wochen in den englischen Charts.

- Beste Textzeile: »Will I get through to you babe, I love everything you do babe.«

Bei den Songs über Fußball überwiegt die hymnische Anbetung einzelner Fußballer. Hier die legendärsten zwei:

Rummenigge

Eine atemlose Lobpreisung von Karl-Heinz Rummenigge im Allgemeinen und seiner Knie im Besonderen. Bis zum Ende wird nicht klar, ob das dubiose Duo »Alan & Denise« all dies ernst meint.

- Beste Textzeile: »What a player, what a sport, he's the cutest thing in shorts.«

Er steht im Tor

Wenke Myhre vergisst 1969 locker mal alle Bemühungen der Frauenbewegung und schreibt den Song für alle Frauen, die mit der ganzen Angelegenheit nur deshalb was zu tun haben, weil ihr Freund ihnen keine Wahl lässt.

- Beste Textzeile: »Ich hab mich im Leben nie für Fußball interessiert, aber im April da ist es passiert, da hat mich im Mondschein ein junger Mann geküsst, und nun weiß ich, was sein Hobby ist.«

Die originellsten Fußballerfrisuren

Es gibt Fußballer, die gut spielen, und es gibt solche, die immerhin gut aussehen. Und dann gibt es noch eine dritte Kategorie ... Aber sehen Sie selbst: Die originellsten Frisuren, die je auf deutschen Fußballplätzen gesehen wurden (plus Bonusfrisur).

Uli Stein

Reinhold Tattermusch

Ralf Falkenmayer

Gernot Alms

Günther Schäfer

Michael Sternkopf

Steffen Freund

Mike Werner

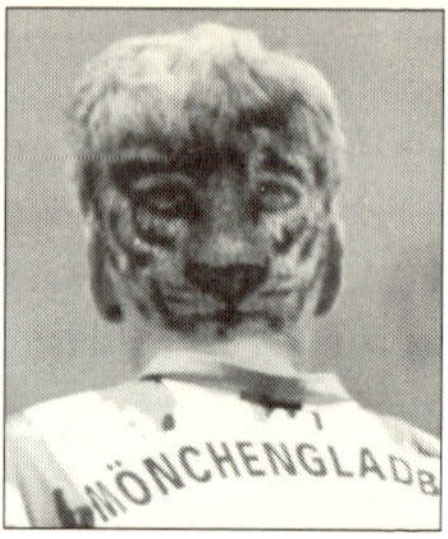

Stefan Effenberg

Norbert Dronia

Rainer Bonhof

Helmut Manns

Plus: Der Vater aller Pilzköpfe:

Carlos Valderrama
(Kolumbien)

Pressekonferenz

Dumme Fragen

Es kommt immer wieder vor, dass Menschen sich zu Idioten machen. Dazu reicht manchmal eine Frage, die zur Unzeit gestellt wird, in einem Rahmen, der nur Fachwissen vorsieht, und inmitten einer Menschenansammlung, die sich eine schlimme Form der Intoleranz angeeignet hat. Eine dumme Frage in einer Kneipe, in der sich Jungs zum Fußballgucken getroffen haben – das ist der Super-GAU für Ihr gesellschaftliches Standing … Also vermeiden Sie bitte die folgenden Fragen während der EM. Es ist in Ihrem eigenen Interesse.

Was bedeutet eigentlich …

… *die Säge?*
… *Schiedsrichterball?*
… *Handgeld?*
… *Leo?*
… *Stockfehler?*
… *Syndesmoseband?*
… *Viererkette?*
… *Silver Goal?*
… *Lagerkoller?*
… *Hintermann?*

... die Säge

Wir kommen jetzt zu der Abteilung: »Fußballer, jubelnde«. Die ist außerordentlich wichtig für den Fußballkonsum am Fernseher. Schließlich füllt diese Abteilung die Zeit zwischen den Spielen mit Dauerschleifen und verschafft wahrscheinlich Heerscharen von ansonsten erwerbslosen Trailer-Produzenten Arbeit. Gerade, wenn Sie meinen, dem ganzen Wahnsinn entkommen zu sein, und sich auf eine Runde *Sabine Christiansen* oder *Wiso* freuen, wird ein mit fetziger Musik (bzw. das, was die erwerbslosen Trailer-Produzenten für fetzige Musik halten) unterlegter Clip präsentiert, in dem ein kaum zu erkennender Fußballer jubelnd fast aus Ihrem Bildschirm springt. Offensichtlich halten Fernsehmacher jubelnde Fußballer für ein Ereignis an sich, was erstaunt, da eine kurze Umfrage unter Fußballabhängigen schnell ergeben würde, dass jubelnde Fußballer für die wenigsten eine große Motivation sind, sich vor den Fernseher zu setzen oder gar ins Stadion zu gehen.

Wir halten es für möglich, dass Angestellte dieser Abteilung denken, sie machen mit ihrer Arbeit Fußball für Frauen attraktiver. So nach dem Motto: »Hasen, wir wissen, ihr findet das Ganze total langweilig, aber wenn ein Tor fällt, machen die Jungs ganz putzige Sachen, und mit ein bisschen Musik sieht das Ganze doch glatt aus wie das neue Video von Justin Timberlake.« (Wir möchten uns selbstredend von diesem Gedankengang distanzieren.)

Und ohne hier wie Fußballkonsum-Veteranen zu klingen, müssen wir anmerken, dass es so was »früher«

nicht gab: Uwe Seeler und Gerd Müller rissen vielleicht mal den Arm hoch nach einem Tor oder umarmten sich in Momenten der ganz großen Ekstase mit ihren Mitspielern, aber zu weiterem Firlefanz waren sie nicht bereit.

Heute dagegen – auch das ist nur eine Vermutung – wird dem Neuprofi wahrscheinlich noch vor Vertragsunterschrift ein Zettel zum Ankreuzen vorgelegt. Überschrift: »Welche Jubelformen beherrsche ich?« Zweiter Abschnitt: »Welche könnte ich mir vorstellen?« Anschließend wird ihm der Trainingsplan überreicht, mit dem wichtigen Programmpunkt »Jubelschulung«.

Die Klassiker des Genres kann bereits jeder B-Jugendliche exzellent darstellen. Etwa die Säge. Dabei kniet sich der Torschütze hin, ballt die Faust, winkelt den Unterarm waagerecht ab und bewegt ihn hin und her. Sieht nicht besonders elegant aus und wird gern von eher grob gestrickten Fußballern benutzt (Mario Basler etwa brachte es auf bestimmt über 100 Säge-Einlagen in seiner Laufbahn).

Anspruchsvoller dagegen sind einige Gruppenchoreographien. Wie die Raupe (Spieler gehen runter auf alle viere, fassen dem Vordermann an die Knöchel und bewegen sich vorwärts), das Schuheputzen (Torschütze stellt seinen Fuß auf das Knie eines Mitspielers, der wienert sie in einer Art Unterwerfungsgeste sauber) oder das Wir-werfen-uns-alle-gleichzeitig-auf-den-Rasen.

Eine gesonderte Gruppe bilden die »Grüße an die Lieben«. Einfach: Ring küssen oder mit der Hand aufs Herz zeigen (das korrespondiert dann gleichzeitig noch mit dem Wunsch, Solidarität mit dem Verein zu zeigen, weil dort meist auch das Clubwappen angebracht ist). Anspruchsvoller: die Wiege. Einer oder mehrere Spieler schaukeln ein imaginäres Baby. Wurde zuerst von einem Brasilianer bei der WM 1994 gezeigt, seitdem scheint es so, als würden Fußballprofis wöchentlich Nachwuchs begrüßen können. Dazu existieren noch zahllose akrobatische Einlagen (Rückwärtssalti, Vorwärtssalti, Drehungen, Wendungen sowie gezieltes Hinschmeißen und Hochspringen).

Wie gesagt, wir haben die Vermutung, dass all dies veranstaltet wird, um Frauen irgendwie für das Spiel zu begeistern. Insofern: Schreiben Sie! Rufen Sie an! Sagen Sie, dass Sie nur an dem Sport und nicht an diesen grauenhaften Karnevalseinlagen interessiert sind. Dann wird das endlich aufhören.

… Schiedsrichterball

Dieser Begriff hat mit den Eigentumsverhältnissen des Spielgeräts nichts zu tun. Obwohl es sicherlich eine interessante Frage wäre, wer bei so einer EM nach dem Spiel mit dem Ball nach Hause gehen darf. Nein, nein, der »Schiedsrichterball« ist eine recht seltene Entscheidung im Spiel, die der Schiri fällt, wenn er eine offensichtliche Fehlentscheidung revidiert oder das Spiel unterbrochen werden muss, ohne dass eine Mannschaft dafür verantwortlich gemacht werden kann – etwa wenn ein Schäferhund oder ein angetrunkener Flitzer aufs Spielfeld rennt.

Der Schiedsrichter wirft den Ball dann in die Mitte zwischen zwei Spieler und macht sich schnell aus dem Staub, weil er im anschließenden Gestocher um das Leder nicht verletzt werden möchte. Warum erzählen wir Ihnen das? Ganz einfach: So ein Schiedsrichterball ist eine gute Gelegenheit, ein paar smarte Allgemeinplätze über den Spielleiter als solchen loszuwerden. Folgende Ansätze empfehlen wir; damit liegen Sie nie verkehrt:

Eins: »Der Italiener Colina ist der beste Schiedsrichter der Welt – auch wenn er aussieht wie ein Mutant aus Akte X.«

Zwei: »Das ist schon ganz schön peinlich, dass Deutschland einen Zahnarzt nach Portugal schickt, der sich auch noch anhört, als hätte er ein massives Heliumschnüffelproblem.«

Drei: »Der verpfeift uns doch!« (Nur bei deutschen Spielen!)

... Handgeld

Fußballer sind überbezahlte Nichtsnutze, darüber besteht Einvernehmen. Besonders der Begriff Handgeld bringt die Volksseele immer wieder zum Kochen. »Handgeld« erhält so ein Profi, wenn er die Arbeitsstelle wechselt. Normale Arbeitnehmer kriegen sechs Monate Probezeit, der Fußballer sechs Millionen im Voraus. Sonst kommt er nämlich nicht, weil er ja woanders auch ein paar Millionen angeboten bekommen hat. Mit so einer

Summe ließe sich in der ehemaligen DDR eine neue Autobahn komplett finanzieren oder in Angola die Reform des Schulsystems, aber das sind ja nur populistische Parolen. Es sei dem Fußballprofi gegönnt, dass er damit seinen Fuhrpark aufrüstet oder sich eine Ranch in Winnipeg zulegt, so als Altersruhesitz. Aber das muss Sie ja auch nicht so arg interessieren. Wichtig ist nur, dass Sie realisieren, dass so eine EM ein wunderbarer Bewerbungsparcours für jeden Kicker ist, der seinerseits versucht, einen neuen Verein für seine Dienste zu begeistern. Oft gelingt das, und dann wechselt wieder ein kleines Vermögen seinen Besitzer. Falls es Sie da draußen auf den billigen Plätzen allerdings beruhigt: Der Spieler Deisler erhielt von Bayern München vor seinem Wechsel von Hertha BSC stolze 20 Millionen D-Mark. (Diese Information verdankt die Welt übrigens einem neidischen Bankbeamten …) Doch Deisler brachte das Geld kein Glück – im vergangenen Jahr begab er sich in psychiatrische Behandlung, weil der Druck im Fußballgeschäft ihm offenbar über den Kopf gewachsen war. Anzunehmen, dass die 20 Millionen Mark dabei eine Rolle gespielt haben …

… Leo

Manchmal entscheidet so ein Leo ein Spiel, obwohl es auf dem ganzen Spielfeld keinen einzigen Spieler gibt, der auf diesen Namen hört. Wie das? Ganz einfach: Leo ist kein Name, Leo ist ein Ordnungsruf. Leo wird gerufen, wenn ein Spieler – meistens der Torwart – LASS DEN

BALL DURCH meint, das aber zu lang findet. Und nur »Lass!«, das wäre doch eine Möglichkeit? Im Prinzip schon. Hat der DFB aber verboten. Dringt so ein »Lass!« oder »Weg!« an die Ohren eines aufmerksamen Schiedsrichters, pustet er flugs in seine Pfeife und entscheidet auf Freistoß, und so was kann ganz schön gefährlich werden. Und warum hat's der DFB verboten? Weil so ein »Lass!« missverständlich klingt und sowohl den eigenen Mitspieler als auch den Gegenspieler irritieren könnte. Aus diesem Grund darf man seinen Mitspieler nur gezielt ansprechen oder in diesem Fall –rufen ... Aber weil es dem gemeinen Kicker zu lange dauert, bis er »Heinz Rüdiger« oder »Miodrag« über seine Lippen gebracht hat, hat er sich kollektiv auf den einsilbigen »Leo« verständigt. Das ist zwar auch missverständlich und gilt für Mitspieler und Gegner gleichermaßen, doch da fehlt einem Schiedsrichter halt die Handhabe. Listige Stürmer übrigens lassen ihren Leo gern mal mitspielen. Sie rufen im richtigen Moment nach ihm, woraufhin es schon mehrmals vorgekommen ist, dass der Verteidiger seine Arbeit eingestellt hat, weil er den Ball sicher in den eigenen Reihen wähnte ... Das ist zwar unsportlich, heimtückisch und gemein, aber was soll es: Wir reden hier ja über Fußballer!

... Stockfehler

Wahrscheinlich wird es Ihnen beim Fußballschauen oft so gehen wie beim Hören von fremdsprachigen Liedern: Irgendwie kommen Ihnen die Wörter bekannt vor, aber was sie bedeuten, bleibt im Dunkeln. Das muss Ihnen nicht peinlich sein. Erst mal entstehen aus den Fehlassoziationen ja oft denkwürdige Neukreationen (wir verweisen da nur auf den Mann, der den Refrain des Beatles-Klassiker *Can't buy me love* jahrzehntelang als *Kentucky Love* deutete und sich mit der Textinterpretation viele Monate versüßt hat). Und außerdem wussten Sie wahrscheinlich nichts über den geheimen Wettbewerb, der unter Sportreportern läuft, seit über Fußball geschrieben und gesprochen wird. Die Ausschreibung lautet in etwa: »Wer findet noch eine Metapher und/oder ein Wortspiel und/oder einen Vergleich?« – der 1. Preis wird bei jedem Spieltag neu vergeben. Gewonnen hat derjenige, dessen innovative Idee von den anderen übernommen wird.

So oder so ähnlich hat auch der Stockfehler Einzug in die Stadien gehalten. Eigentlich handelt es sich um einen Fachbegriff aus dem Hockey. Dort bedeutet ein Stockfehler, dass ein Spieler den Ball mit dem Schläger über der eigenen Schulterhöhe spielt. Das ist dann verboten, wenn ein Gegenspieler nahe bei ihm steht, also den Schläger ins Gesicht bekommen könnte. Der Stockfehler im Fußball ist also eine Entlehnung aus dem Hockey: ein erstaunlicher Vorgang, weil das Spiel mit den krummen Schlägern und der harten Kugel eigentlich nur in Pakistan populärer ist als Fußball. Dem deutschen Fußball-Fan ist Hockey so egal wie nur etwas. Wir haben es mit einer metaphorischen Bedeutungsverschiebung zu tun, die ironisch gemeint ist: Wer den Ball nicht geschmeidig behandeln kann, sondern ihn bei der Annahme meterweit wegspringen lässt, hat – bildlich gesehen – Stöcke als Beine. Er bewegt sich, um im selben Bildbereich zu bleiben, hölzern, wie auf Stelzen, stocksteif eben. Der manchmal sehr originelle Franz Beckenbauer hat dafür den Ausdruck »Rumpelfüßler« geprägt. Er bezog sich natürlich auf deutsche Spieler, denen deutlich mehr Stockfehler unterlaufen als etwa brasilianischen. Dort wird bezeichnenderweise so gut wie gar kein Hockey gespielt. Dieser Eindruck deckt sich mit dem verbreiteten Urteil, dass deutsche Fußballer völlig untaugliche Tänzer seien, was nach unseren Beobachtungen stimmt. Brasilianer dagegen werden unvermeidlich als »Samba-Tänzer« des Fußballs bezeichnet, weshalb die in Europa tätigen Spieler dieses Landes (und das sind Tausende) gern seltsame Tänze in der Nähe von Eckfahnen aufführen, wenn ihnen ein Tor gelungen ist. Vielleicht können sie nach brasilianischen Maßstäben – dort liegt die Latte wohl etwas höher – zwar auch nicht tanzen, man merkt es hier nur nicht.

Doch zurück zum Stockfehler: Wer zu ihm neigt, muss seine technischen Mängel mit anderen Eigenschaften kompensieren; beim deutschen Fußballer sind das traditionell Kampfstärke, taktische Disziplin und die Fähigkeit, nie aufzugeben. Sich nicht einmal zu schämen, weil die anderen geschmeidiger sind und weniger Stockfehler machen. So gesehen, ist der Begriff vielleicht Zeugnis eines nationalen Minderwertigkeitsgefühls und zugleich seiner Überwindung: Ha!, wir machen Stockfehler, aber wir gewinnen trotzdem öfter als ihr anderen Schönspieler und Balltänzer. Im Hockey sind die deutschen Damen und Herren nämlich ziemlich weit vorn, obwohl die Pakistani stocktechnisch viel besser sind.

... Syndesmoseband

Es gibt in zivilisierten Staaten genau zwei relevante Gruppierungen, die sich ständig mit der Anatomie des menschlichen Körpers beschäftigen. Die eine nennt sich »Ärzte« – das sind Menschen, die sich durch ein langes Studium gequält haben und jetzt die Gesundheitsreform anprangern ...

Die andere Gruppierung verdient an dieser Stelle etwas mehr Aufmerksamkeit. Es handelt sich bei ihr um die medizinisch nicht professionell ausgebildete, aber nichtsdestotrotz hoch ambitionierte Spezies der Fußballfans. Wer sich heute als Fußballfachkraft bezeichnet, der verfügt auch über ein beachtliches medizinisches Halbwissen. Es empfiehlt sich zum Beispiel, über die Verletzungsmisere von Borussia Dortmund im Bild zu sein, wenn man in einem Kaffeehaus die grundsätzliche Lage der Bundesliga diskutiert. Wer allein diesen Verein medizinisch im Blick hat, kann bereits fachmännisch über Bänderrisse, Knorpelschäden und Kreuzbandblessuren dozieren. Immer häufiger kommt es auch zu Diskussionen bei der TV-Übertragung: Kaum wälzt sich wieder ein Spieler schmerzerfüllt im Dreck, schon erkennt der Eingeweihte vor dem Schirm allein am Gesichtsausdruck des Gepeinigten: »Schienbeinbruch!« oder »Der simuliert doch bloß!«. Früher oder später kommen auch Sie um eine solche Diskussion nicht herum, wenn Sie im Kreise Ihrer Freunde die EM abarbeiten. Für diesen Fall bieten wir Ihnen drei Tipps an, die Ihnen die Achtung der kompetentesten Fachmänner sichert.

Sprechen Sie (1) über die derzeit populärste und gleichzeitig verhängnisvollste Verletzung, die sich ein Kicker holen kann: Kreuzbandriss! Erwähnen Sie, dass Spieler XY sich hoffentlich keinen zugezogen hat, wenn er sich auf dem Rasen wälzt (kommt nicht gut, wenn er sich den Kopf hält ...!). Und bemerken Sie beiläufig, dass das vordere Kreuzband nicht so wichtig für die Stabilität des Knies sei und somit besser zu therapieren ist. Das muss nicht unbedingt stimmen, aber da nehmen es Fans nicht so genau – Hauptsache, Sie bringen Ihre Argumente überzeugend vor ....

Ebenfalls gut ist unser Tipp Nr. 2: die Adduktorenverletzung. Dabei handelt es sich um eine üble Geschichte im Leistenbereich, aber eben keine Leistenzerrung und auch kein -bruch. Allein die unfallfreie Aussprache dieses Worts sorgt bei Freunden des runden Leders und des leeren Kopfs für stillen Respekt!

Und schließlich unser Königstipp Nr. 3: Falls sich mal wieder jemand schreiend das Schien- oder Wadenbein umklammert, dann werfen Sie einfach nur ganz lässig den Satz ein: »Hoffentlich hat der nicht das Syndesmoseband gerissen – das kann länger dauern!« Die andächtige Stille im Anschluss an diese profunde Diagnose wird Dimensionen annehmen, die Sie für jegliche Schmach entschädigen, die Ihnen jemals ein Mann und/ oder Fußballfan zugefügt hat. Niemand der Anwesenden wird wissen, dass es sich bei diesem mystischen Ding um eine Bandverbindung zwischen Schien- und Wadenbein handelt, es sei denn, einer der Gäste steht knapp vor dem Physikum. Das Syndesmoseband ist die derzeit angesagteste Entdeckung auf dem prosperierenden Markt der Kickerverletzungen – jeder hat schon davon gehört, aber niemand hat Ahnung, worum es dabei geht. Damit punkten Sie auf jeden Fall!

... Viererkette

Fußball ist ein kompliziertes Spiel. Es ist nicht damit getan, elf Spieler gut im Futter stehen zu haben und sie regelmäßig einen Ball aufs Tor schießen zu lassen. Heute geht nichts mehr ohne: Taktik! Das hat auch der moderne Fußballfreund verstanden und posaunt sein Wissen in die Welt hinaus. Der Italiener, so weiß er, rottet seine Spieler gern in der eigenen Hälfte zusammen und ist in erster Linie daran interessiert, Tore des Gegners zu verhindern, statt selbst welche zu schießen. Das nennt man dann Catenacchio, und zwar schon ganz schön lange.

Das englische Team wiederum pflegte den Ball seit Generationen hoch und weit in die gegnerische Hälfte zu bugsieren und zu hoffen, dass sie sich dort mit ihren Holzköpfen in der Luft behaupten können. Das nannte man dann Kick & Rush – und das auch schon ganz schön lange.

Die Deutschen spielen Scheißfußball, das nennt man dann Scheißfußball, und zwar schon viel zu lange. So weit zu den Basics, die für Sie von untergeordnetem Interesse sind, weil die ja jeder kennt. In den letzten Jahren aber hat sich der Fußball entwickelt. Deshalb heißt er auch in Freiburg oder Stuttgart moderner Fußball, etwas, wonach man in Hamburg oder Dortmund immer wieder vergeblich sucht und wozu man immer wieder mal einen Fußballtrainer einstellt, der eine Brille trägt oder Abitur hat. Solche Trainer haben dann gern mal eine Vision. Und ihr Mittel, diese Vision umzusetzen, ist in den letzten Jahren immer wieder: die Kette. Nee, nix von *Tiffany's*. Wir erklären es Ihnen in aller Ruhe: »Moderne« Teams spielen ohne Libero. Das war der Typ, der immer vor dem Torhüter herumlungerte und die Schlampereien seiner Vorderleute ausbügelte. Heutzutage erledigen Torhüter seinen Job mit, und der Libero ist inzwischen in die Kette, die dann Viererkette heißt, vorgezogen worden und/oder noch weiter vorn, vor die Abwehr. Dann heißt das, was hinter ihm verteidigt, nur noch Dreierkette. Mit diesem ganzen Verschiebebahnhof soll das Spiel nach vorn angetrieben werden, das ist der Hintergrund, doch bei vielen Mannschaften – hauptsächlich denen, die langsame Verteidiger haben – geht diese Taktik nach hinten los, weshalb besonders ältere Trainer und Sicherheitsfanatiker wie Otto Rehhagel wenig von dieser Strategie halten. Wenn Sie das jetzt alles nicht verstanden haben, ist das nicht so schlimm, das geht uns auch so und den meisten Ihrer Freunde sowieso. Letztlich, und das wissen glücklicherweise alle, müsste die Kette, mit der die deutsche Mannschaft gegen Holland oder Tschechien gewinnen kann, sowieso von Harry Potter geschmiedet werden …

… Silver Goal

Wer bei Silver Goal an den Zweitplatzierten des »Tor des Monats« denkt, liegt leider falsch. Es geht nicht um ein besonders schönes Tor, edel gar, das noch Generationen später in Liedern besungen werden wird. Es geht um ein besonders wichtiges Tor. Um eines, von dem antiamerikanische Verschwörungstheoretiker behaupten können, an seiner Existenz seien nur die blöden Amis schuld. Oder zumindest all die Länder, in denen die völlig absurde Auffassung besteht, ein Fußballspiel, das unentschieden ausgeht – bei dem die zweimal 15-minütige Verlängerung auch keinen Sieger bringt und also ein Elfmeterschießen entscheiden muss –, all dies würde nicht genug Spannung hervorbringen. Dabei ist die Geschichte randvoll von Dramen nach Verlängerung (»n.V.«) und Elfmeterschießen (»n.E«).

Für all jene Banausen (ja, möglicherweise waren auch einige Frauen darunter) schuf man Mitte der Neunzigerjahre das »Golden Goal«, Vorgängermodell des »Silver Goal«. Die Idee des sprachlich und inhaltlich überflüssigen Konstrukts: Wer in einer Verlängerung das erste Tor erzielt, hat gewonnen. Importiert vom Eishockey (da trägt dieses Tor den besseren Namen »Sudden Death«), verband man mit dieser Regelung die Hoffnung, niemand würde sich mehr in einem Fußballstadion langweilen. (Sie sehen, man ging von völlig falschen Voraussetzungen aus. Niemand langweilt sich in einem Fußballstadion, und wenn doch, hat er oder sie da einfach nichts zu suchen.) Man übersah dabei leider, dass es nichts Reaktionäreres gibt als den durchschnittlichen Fußballfan. Der mochte die Vorstellung überhaupt nicht, dass ein Fußballspiel in der 98. Minute zu Ende sein könnte oder in der 101. Der fand das irgendwie unsportlich, weil die unterlegene Mannschaft keine Mög-

lichkeit mehr hatte zu reagieren und erlahmte, anstatt fernsehtaugliche Feierbilder zu liefern. Und auch die »Golden Goals« selbst waren nicht sehr ruhmreich: Oliver Bierhoff schoss das erste 1996 beim 2:1-Sieg gegen die Tschechen im EM-Endspiel, der abgefälschte Ball hoppelte über die Linie. Das letzte UEFA-Golden-Goal war gar ein Eigentor: Delfin Geli besiegte damit sich selbst und seinen spanischen Club Alaves im Endspiel des UEFA-Cups 2001 gegen den FC Liverpool mit 5:4.

Schön fand das niemand (gut, abgesehen von der deutschen Nationalmannschaft um Berti Vogts), und so dachte sich die Abteilung »Neue Regeln« bei der UEFA für die Europameisterschaft 2004 etwas ganz Tolles aus: das Silver Goal. Funktioniert nicht wesentlich anders, nur dass man die jeweilige Halbzeit der Verlängerung noch zu Ende spielen lässt.

Noch mal in Kurzform: Golden – sofort aus. Silver – es geht weiter bis zur 105. oder 120. Minute.

Jetzt ein paar Vorschläge, was man in Zukunft noch ändern könnte. »Reverse Time Jewel Goal«: Man spielt so lange weiter, wie Zeit vom Beginn der Verlängerung bis zum »RTJG« verflossen ist. »Bronze Silver Golden Goal«: Nach dem ersten Tor kann die zurückliegende Mannschaft per Elfmeter ausgleichen, danach gilt »Golden Goal«. »Platinum reduced-player algorithm«: Alle zwei Minuten müssen beide Teams je einen Spieler vom Feld nehmen. Das Ganze wird bei der EM übrigens mit einem silbernen Spielball bestritten. Welche Fangruppen man damit für sich gewinnen möchte, war nicht zu ermitteln. Möglicherweise Außerirdische.

Fußballer, Sportler überhaupt (also auch rhythmische Sportgymnastinnen), werden bei allen möglichen Gelegenheiten interniert, im schlimmeren Fall kaserniert. Vor der Saison, in der Winterpause, vor wichtigen Turnieren müssen alle zusammen in ein abgelegenes Hotel oder eine Sportschule, um sich vorzubereiten und den Mannschaftsgeist zu entdecken. Klingt nicht so schlimm: Sie bekommen zu essen, werden in der Regel nicht geschlagen und müssen weder Nachtmärsche mit Gewehr absolvieren noch am Lagerfeuer zur Gitarre singen (gut, das soll vorgekommen sein, ist aber nicht mehr zeitgemäß). Trotzdem ranken sich um das Trainingslager und den »Lagerkoller« die wildesten Legenden.

Fangen wir gleich mit dem heikelsten dieser Mythen an: Was passiert mit einem Haufen Männer, die längere Zeit von ihren eigenen und/oder Frauen im Allgemeinen fern gehalten werden? Glaubt man den einschlägigen und immer wieder neu aufgekochten Geschichten in den Boulevard-Medien, drehen sie unweigerlich durch. Ob die Hormone daran schuld sein sollen oder irgendeine evolutionär verspätete Form primatenmäßigen Gruppenverhaltens, wird meist nicht geklärt – als ausgemacht gilt, dass ohne geregelte Triebabfuhr diese Männer zu unkalkulierbaren Zeitbomben mutieren. Die Archive sind voll von Spielerzitaten des Typs »Das muss ja irgendwohin«, womit entweder vergangene oder noch beabsichtigte Eskapaden entschuldigt sein sollen. In Männerzirkeln wird mit Respekt kolportiert, wie ganze Generationen von Nationalteams aus Trainingslagern oder WM-Quartieren ausgebüxt sind, um sich dem Suff und der Hurerei hinzugeben. Der notorisch langweilige Ort Malente in Schleswig-Holstein, jahrzehntelang Schauplatz deutscher Trainingslager, ist damit zu zweifelhafter Berühmtheit gekommen. Der bayrische Schluchsee wurde in »Schlucksee« umbenannt, und das alles wird erzählt im Tonfall lustiger Schüler-Eskapaden. Während der WM 1986 in Mexiko ließen sich deutsche Spieler bei solchen eigentlich deprimierenden Exzessen erwischen, und der in dieser Hinsicht selbst nicht unbeleckte Teamchef Franz Beckenbauer ließ sich zu üblen Ausfällen gegen mexikanische Journalisten hinreißen. Kein schönes Kapitel. Noch bitterer ist nur der Umgang des Altmännerklubs namens DFB mit dem Thema. Früher galt Enthaltsamkeit vor dem Sport als Dogma; der »Geist von Spiez« (Herberger, 1954) entstand aus mönchischer Selbstbezogenheit. Die sexuelle Revolution ging jedoch auch am Fußball nicht spurlos vorbei, und die Funktionäre liefen zunehmend Gefahr, den sportlichen Ruhm ihrer Schützlinge durch die Erwähnung von Prostituierten befleckt zu finden. In neuerer Zeit werden die so genannten »Spielerfrauen« ihren Gatten oder Kumpanen regelrecht zugeführt, in genau geplanten Zeitfenstern nebst halb-dezenten Rückzugsmöglichkeiten. Man hat übrigens noch nicht gehört, dass die Damen diesen Vorgang entwürdigend fänden – wie auch immer, das ist ihre Sache. Wie auch die Frage, was die Herren Fußballer außer Bällen sonst noch aus der Luft herunterholen. Da sie aber dauernd drüber reden, sind sie selbst schuld.

Das Wesen des Lagerkollers ist natürlich ganz einfach und auch rhythmischen Sportgymnastinnen bekannt: Die Nervosität steigt, der Druck nimmt zu, Stammplätze werden umkämpft, hereingelassene Journalisten machen aus jedem Achselzucken eine Story. Man geht sich einfach tierisch auf die Nerven. Ein guter und auch immer öfter praktizierter Lösungsansatz ist es, die Sache bis auf das Nötigste zu verkürzen.

... Hintermann

Besagter »Hintermann« ist nicht etwa ein Drahtzieher; also niemand, der in einem Scorsese-Film in einem Hinterzimmer – halbdunkel, Gesicht im Halbprofil – die Anweisungen gibt und alle Fäden in der Hand hält, dem man aber nie etwas anhaben kann. Sondern er ist einfach jemand, der von hinten kommt – womit wir die vagen sexuellen Konnotationen des Fußball-Jargons gleich offen auf den Tisch gelegt haben. Die Sache ist ganz einfach: Jemand hat den Ball, und ein Gegenspieler nähert sich von hinten, womöglich unbemerkt. Da die meisten Fußballer keine Augen am Hinterkopf und auch sonst keine geeigneten Antennen (es gibt wenige Ausnahmen wie Zinedine Zidane) haben, schreit ein Mitspieler: »Hintermann!« Und will sagen, der Ballführende möge sich auf üble Attacken gefasst machen und sich schnell etwas einfallen lassen. Das hat sich so eingebürgert, weil es kürzer und eindeutiger ist als situationsabhängige Ad-hoc-Bildungen wie »Pass auf, es nähert sich jemand von hinten!« oder »Gib am besten den Ball ab, du wirst rückwärtig angegriffen!«

Natürlich ist der Ausdruck trotzdem deutungsbedürftig. Er gehört in eine eindeutig maskuline Sphäre von »...-mann«-Komposita wie »Heiermann«, »Flachmann« oder auch »Kawenzmann«, die alle auf Entschlossenheit, Härte und Bewährung in Gefahrsituationen zielen. Genau das ist auch nötig, wenn der Hintermann kommt. Es ist übrigens kein Zeichen besonderer Kompetenz, wenn ein Zuschauer vor dem Fernseher »Hintermann!« schreit, was hier ja in etwa so sinnvoll ist, wie bei der Dusch-Szene in *Psycho* »Pass auf!« zu rufen. Wer das tut, ist ein Blödmann.

Der Ausdruck ist nicht nur alt, sondern eigentlich auch obsolet. Denn im modernen Power-Fußball ist der Hintermann sozusagen immer präsent: Die verteidigende Mannschaft (also die ohne Ball) setzt den Gegner permanent unter Druck, schon in dessen eigener Hälfte (das nennt man »Pressing«, eine weitere seltsame Wortschöpfung). 1970 konnten sich Beckenbauer und Overath die Bälle noch ruhig und gepflegt zuschieben, erst in der Nähe des gegnerischen Tores wurde es enger und rauer. Damals schrie man »Hintermann!«, wenn sich einer mal in die Nähe verirrte. Heute würde es, eine gleich hohe Warnschwelle angenommen, ein fortwährendes »Hintermann!«-Gebrüll geben – oder sogar »Hintermänner!« –, weil sich gern auch mal zwei Gegner auf den Ballbesitzer stürzen. Deshalb hat sich der klassische »Hintermann« in den Altherren-Fußball verlagert, der auch ein erschütterndes Thema ist – aber hier leider nicht ausführlich behandelt werden kann.

Und wer oder was ist eigentlich dieser/s …

… ***Blatter und sein Kollege Johannsson?***
… ***Kanzler?***
… ***Beckenbauer?***
… ***Völler?***
… ***Breitner?***
… ***Nelling?***
… ***Prinzip Brehme?***
… ***Mayer-Vorfelder?***
… ***Holzschuh?***

… Blatter und sein Kollege Johannsson

Ihr Streben gilt zwar der »Jugend der Welt«, wie es in Verlautbarungen der olympischen und auch der fußballerischen Bewegungen immer salbungsvoll heißt – die ausführenden Organe sind jedoch alte Männer: Wer sich als kleine Gewinnmitnahme während der EM auf den Anblick durchtrainierter Männlichkeit in der Blüte ihrer Säfte freut, sollte sich also innerlich auch für eine Begegnung mit Josef Blatter, 68, und Lennart Johannsson, 74, wappnen. Der Schweizer ist Präsident des Welt-Fußballverbands FIFA, der Schwede sein Pendant beim europäischen Verband UEFA. Man will nicht wirklich viel über sie wissen; außer vielleicht, dass bei Sportfunktionären die Differenz zwischen jovialem Auftreten und schienbein-geschonter Härte in verborgenen Machtzirkeln besonders groß ausfällt. Speziell Blatter ist zu verdanken, dass der Fußball sich inzwischen geschmeidig in eine perfekt vermarktete Werbeshow einfügt. Beim WM-Finale 2002 in Paris sollen 20 000 gut gekleidete VIPs ohne Eintritt im Stadion gewesen sein, was sogar die ebenfalls geschäftstüchtigen Spieler etwas abtörnte. Jedenfalls kennen sich Blatter und Johannsson in der Völker verbindenden Kraft des Geldes bestens aus.

Wer mehr über die Herrschaften wissen will, kann sich in Enthüllungsbüchern (etwa: Thomas Kistner: *Spielmacher*) informieren, was dem Gegenstand aber vielleicht zu viel Ehre verleiht. Schneller und kaum weniger enthüllend ist ein Besuch der entsprechenden Verbands-Websites, wo weder Johannssons Hund noch Blatters stattliche Ordenssammlung unerwähnt bleiben. Beide übrigens haben sich auch um die Förderung des Frauenfußballs verdient gemacht – weswegen der geneigte Zuschauer mit ansehen musste, wie Blatter im Herbst 2003 unsere netten Weltmeisterinnen abküsste.

... Kanzler

Den Kanzler müssen wir Ihnen natürlich eigentlich nicht vorstellen, den sehen Sie ja ohnehin täglich im Fernsehen. Was wir Ihnen gern näher bringen möchten, ist der Kanzler in der traditionsreichen Rolle: Politiker bei Sportereignissen. Irgendwann hat ein Politikberater (vermutlich der von Nero) beschlossen, dass Politiker sich unbedingt für Sport begeistern sollten, weil sich das Volk halt auch für Sport begeistert. Heutzutage erfüllt Fußball ganz wunderbar die Anforderung »volksnah« im Imageprofil. Und so muss man bei Fußball-Europameisterschaften nicht nur die Highlights Experten interviewen Sportler, Experten interviewen andere Experten, Ex-Sportler interviewen Sportler, und Experten interviewen das Volk ertragen, sondern auch – und zwar gern in aller Ausführlichkeit – den Programmpunkt irgendjemand interviewt einen Politiker. Da kommen dann semantische Perlen heraus wie »Fußball ist des Mannes zweitgrößtes Glück« (Joschka Fischer) und »Unterhaching ist von der gesamttechnischen Perfektion sehr kompakt« (Edmund Stoiber). Oder biografisch entscheidende Informationen wie z.B., dass Gerhard Schröder »einst gefürchteter Mittelstürmer des TuS Talle« war und dass Edmund seine Karin beim Ballclub Farchet (heute BCF Wolfratshausen) kennen gelernt hat. Zu allem Unglück hat auch noch irgendein wirrer Demoskop mal behauptet, die Ergebnisse solcher Turniere hätten Auswirkungen auf die Wahlergebnisse. Seitdem würden sich Politiker aller Parteien am liebsten Bälle auf den Kopf implantieren lassen. Während der Vorrundenspiele ist dies alles noch recht harmlos (mal hier und dort ein Politiker mit Deutschland-Fahne in der Hand), doch das dicke Ende kommt im Finale. Da werden Maschinen der Bundeswehr voll gepfropft mit Mitgliedern des Bundestag-Sportausschusses, die quasi von Berufs wegen alle mit müssen; da beginnen Nachrichtensendungen mit Berichten von EU-Gipfeln, bei denen man sich schwerpunktmäßig über Fußball unterhalten hat. Im Endspiel ist dann die halbe Tribüne voll mit Menschen, die anwesend sind, um ihr Vaterland zu vertreten. Und niemandem fällt auf, dass zumindest die Hälfte der Bevölkerung, die während einer Europameisterschaft nicht komplett ihr Hirn ausschaltet, dies alles im besten Fall seltsam und im schlimmsten äußerst unangebracht findet. Wir halten dieses Verhalten für eines der entscheidenden Argumente für eine Kanzlerin. Bei der müsste man sich – zumindest in der derzeitigen Generation – keine furchtbaren Anekdoten darüber anhören, wie sie den entscheidenden Ball damals in der B-Jugend verwandelt hat. Bis dahin muss man es wohl mit der kühlen Diskretion von Mehmet Scholl halten, der 1996 nach dem Gewinn der Europameisterschaft den Besuch von Helmut Kohl in der Kabine verkraften musste. Und auf die atemlose Frage, wie es denn so war mit dem Kanzler, antwortete: »Voll.«

... Beckenbauer

Das dürfte Kardinal Ratzinger und seinen Kollegen nicht gefallen: Franz Beckenbauer ist Gott. Jedenfalls so was Ähnliches in der Größenordnung. Alles, was dieser Mann anpackt, der sich in Deutschland ganz bescheiden nur »Der Kaiser« nennen lässt, gelingt. Diesen Eindruck muss man jedenfalls bekommen, wenn man sich sein Leben einmal etwas genauer anschaut. Er wurde bereits als 20-jähriger Nationalspieler, mit dem FC Bayern viele Male deutscher Meister und Europapokalgewinner. Er gilt als elegantester Libero, den der internationale Fußball je hervorgebracht hat, wurde 1974 als Kapitän der deutschen Nationalmannschaft Weltmeister, ohne sich sonderlich schmutzig zu machen bei der Ausübung seines Jobs. 1990 wiederholte er diesen Triumph als Teamchef der deutschen Mannschaft – danach lief er allein über den Rasen des Römer-Stadions und sah aus, als ob er auf E.T. und die Heimkehr in seine himmlisch-heimischen Gefilde warten würde. Spätestens seit diesem Zeitpunkt thront der gebürtige Münchener über allen anderen, die in Deutschland jemals etwas mit Fußball zu tun hatten. Das weiß er auch, was ihn besonders interessant macht, denn der Beckenbauer Franz ist kein Politiker: Er sagt, was er denkt, und wenn er nicht denkt, sagt er zuweilen auch was. Dann nennt ihn *Der Spiegel* mal kurz den »Firlefranz«, doch was kümmert es den Mond, wenn der Hund ihn anbellt? Oder, wie der Kaiser das selbst formuliert: »Ach, was stört mich mein Geschwätz von gestern!« Auch wenn seine fußballstrategischen Weisheiten oft in der Kampfansage gipfelten: »Geht's raus und spuits Fußboll!« und seine geschlechtlichen Eskapaden legendär sind: Beckenbauer kann so wirklich niemand was.

Das gilt bis heute. Er hat gerade seine dritte Frau geehelicht und wieder eine neue Familie in die Welt gesetzt, firmiert weiterhin als Präsident des FC Bayern München, hat mehr Werbeverträge als all seine Spieler zusammen und auch noch die WM 2006 nach Deutschland geholt, der er dann auch gleich mal als Organisationschef vorsteht. Falls Beckenbauer auf die Idee kommen sollte, in die Politik zu wechseln und sich zur Wahl zu stellen, wären ihm sozialistische Quoten sicher. Egal, zu welcher Wahl und für welchen Posten. Edmund Stoiber und Angela Merkel dürften froh sein, dass der Kaiser derweil noch ein bisschen lieber Golf spielt …

... Völler

Ruuudi! Ruuuudi!, schallt es durch jedes Stadion, wenn sich der deutsche Teamchef sehen lässt. Und das hat nichts mit seiner Frisur zu tun, die sich der gebürtige Hanauer seit gefühlten Jahrzehnten gönnt und die ihm den Spitznamen »Tante Käthe« eingebracht hat. Seine diesbezügliche Selbsteinschätzung ist legendär: »Was meine Frisur angeht, mache ich mir keine Illusionen!« (Nur für diejenigen, die dieses Ding da auf seinem Kopf noch nie gesehen haben: Es sieht aus wie eine grau gesträhnte, miniplisierte Drahtwollmasse.) Rudolf Völler, kurz: Ruuuudi!, ist trotzdem beliebt, und vermutlich hatte mal wieder der schmerzlich vermisste Harald Schmidt Recht, als er die Erklärung dafür in seiner Show vortrug: »Völler? Prolet, aber nett!«

In den deutschen Gazetten formuliert man das etwas freundlicher. Rudi Völler, so steht da zu lesen, sei ein Mann des Volkes, einer der trotz großartiger Karriere, längeren Aufenthalten im Ausland und italienischer Zweitfrau immer auf dem Boden geblieben sei. Ach ja, für den, der es nicht weiß: Völler war Stürmer. Erst bei 1860 München, später dann in Bremen und beim AS Rom. Zum Karriereende kickte er noch einmal in der Bundesliga, bei Bayer Leverkusen, und da wäre er auch heute noch Technischer Direktor oder so etwas, wenn der designierte Bundestrainer Daum nicht seine Liebe zum Koks und die Öffentlichkeit eben dies entdeckt hätte und Völler plötzlich einen Vollzeitjob als Teamchef der deutschen Nationalmannschaft bekleidete. Vizeweltmeister wurde er schon. Und dabei hat er nicht mal einen Trainerschein.

... Breitner

Der ist Ihnen bestimmt schon einmal aufgefallen. Der Finsterling aus Freilassing, der früher im Afrolook und mit heruntergerollten Stutzen über den Platz wieselte, sitzt heute deutlich geschorener, aber immer noch auf Krawall gebürstet, in jedem TV-Studio herum und schimpft auf alle und jeden, die nicht bei drei auf den Bäumen sind. Das ist ganz schön clever von ihm, denn genau das ist die Stärke eines PR-Profis: eine Meinung zu haben, sie zu überspitzen und ganz LAUT in die Welt zu blasen. Ganz egal, um welches Thema es geht – Paul Breitner weiß was und vor allem viel besser als der Rest.

Das war auch schon zu seinen aktiven Zeiten so, als er noch mit Beckenbauer, Hoeneß oder Augenthaler in einer Mannschaft kickte. Auch damals gab Paule den Bürgerschreck, der sich sogar mal mit der Mao-Bibel ablichten ließ. Ein paar Jahre später lief der Mann für den Franco-Verein Real Madrid auf und ließ sich vom Jägermeister-Mast wieder nach Deutschland, nämlich in die niedersächsische Provinz nach Braunschweig zurückholen ... Im Anschluss an seine aktive Karriere hatte Breitner aber offenbar keine Lust mehr auf Trainingsanzüge, denn anders als die meisten seiner Kollegen arbeitete er nicht als Übungsleiter, sondern erblubberte sich einen festen Platz in deutschen Sendeanstalten. Gern sitzt er mit Sat 1-Moderator Olli Welke zusammen und legt seine ganze Faust in die Wunden des Fußballgeschäfts. Das ist meistens provokant, manchmal smart, aber ab und zu auch nur saublöd und populistisch. Zum Glück fällt Olli Welke immer wieder der gleiche blöde Witz ein, wenn Breitner sich vergaloppiert. Dann erzählt Welke davon, wie sich der knorrige Paul einmal als Filmschauspieler versucht hat, in einem unsäglichen Streifen namens *Potato Fritz*.

Eine fast noch größere Posse spielte sich aber 1998 ab, als Berti Vogts vom DFB als Bundestrainer abgelöst werden sollte und der damalige DFB-Präsident und Kartoffelhändler Egidius Braun aus Aachen einfach mal so bei Paule anrief und dem verdutzten Ex-Kicker Bertis Job antrug. Breitner hätte das wohl tatsächlich gemacht, doch dann ruderten die DFB-Jungs ganz schnell wieder zurück: Breitner hatte dummerweise kurze Zeit vorher ein Interview gegeben, in dem er den DFB aufs Übelste beschimpfte. Das ist unseres Wissens das einzige Mal, dass Breitner sich im Nachhinein lieber auf die Zunge gebissen hätte. Und das ehrt ihn ja irgendwie dann doch.

... Nelling

Und dann sitzen die beiden Jungs da und hauen sich auf die Schenkel vor Vergnügen und attestieren sich gegenseitig Sachverstand, Witz und Stil. Und unsereiner schaut verstört in die Glotze und fragt sich, wer diesen beiden Lackaffen das Mikro aufgedreht hat. Doch da die Herren seit dem Jahr 2000 auch Grimme-Preisträger sind und in der ein oder anderen Hinsicht einige Verdienste angehäuft haben, werden sie uns wohl noch einige Zeit länger »vergnügen«.

Die Rede ist von Günther Netzer und Gerhard Delling, den beiden Schnellblubberwaffen der ARD, die immer dann scharf gestellt werden, wenn die deutsche Nationalmannschaft spielt. Vor dem Spiel hoffen sie, in der Halbzeitpause nölen sie, und am Ende gehen sie tauchen: »Das war wieder mal ein Tiefpunkt!«

Anschließend wird dem tumben Fußballproll in seinem Ledersessel erklärt, was er da eigentlich den ganzen Abend gesehen hat, so im Einzelnen. Früher war Netzer Kult. Lange Haare, Sportwagen, Discobesitzer, Selbsteinwechsler, Regisseur bei Real Madrid. Ein echter Popstar in einer Zeit, als das für Fußballer noch nicht selbstverständlich war. Delling erinnert sich offenbar noch gut daran, denn seine kumpeligen Ansprachen an das Ex-Idol wirken kriecherisch in seiner Munterkeit. Delling versetzt seinem berühmten Gesprächspartner hin und wieder einen verbalen Hieb, den Netzer dann pastorenhaft abwehrt. Und Delling ist selbst dabei noch anzumerken, wie stolz er ist, mit dem Businessmann Netzer an einem Tisch sitzen zu dürfen. Der Erkenntnisgewinn dieses Geplänkels geht für den Zuschauer zumeist gegen null, aber da vor allem Netzer seine bescheidenen Ideen stets labyrinthisch zu verschachteln versteht, gilt diese schlimme Blubber-Bande weithin als erleuchtet. Nur Ruuudi Völler hat die Burschen längst durchschaut. Er kommentierte den Sermon des vierbeinigen Nellings kurz und trocken mit einem gebellten: »Alles Blödsinn!«

... Prinzip Brehme

Man tut diesem Mann einfach keinen Gefallen. Andreas Brehme ist in Deutschland ein beliebter Mann, er hat uns im WM Finale 1990 durch sein Elfmetertor gegen Argentinien den Titel geholt, als der Kollege Matthäus im entscheidenden Moment mal wieder kniff. Brehme hat zudem in seiner aktiven Zeit mit beidfüßiger Eleganz und Stil die Grenzen des deutschen Verteidigerwesens völlig neu definiert. Warum also lassen die Leute in den Fernsehanstalten den guten Brehme nicht respektvoll seinen wohlverdienten Ruhestand genießen? Stattdessen zwingen sie ihn vor Mikrofone, wo Brehme Spielszenen analysieren, Fragen beantworten und manchmal sogar ganze Spiele kokommentieren soll. Und das kann er nicht. Gar nicht. Brehme ist so ziemlich die unglücklichste Wahl, wenn es darum geht, einen komplexen sportlichen Sachverhalt einem interessierten Publikum näher zu bringen. Er stottert, sucht nach Worten, entwickelt absurde Ideen und vor allem: vergeht sich kreativ am Regelwerk der deutschen Sprache.

Aber Brehme ist kein Einzelfall, er ist sozusagen nur der Nestor des deutschen Kokommentarwesens ... Von Harald »Toni« Schumacher bis Hansi Müller reicht die Palette der unfreiwillig komischen Quatschköpfe, die gefragt werden, weil sie früher selbst mal leidlich gegen den Ball treten konnten. Also misstrauen Sie jedem Fachmann, der sich beim Spiel der Griechen über die Taktik ebenjener auslässt, nur weil er 1975 Otto Rehhagel mal in der Halbzeitpause eines Pokalspiels die Hand gedrückt hat. Und machen Sie sich einen Spaß daraus, bei einem Brehme-Interview mitzuzählen, wie häufig er »Ich sach ma ...« über seine Lippen bringt ....

… Mayer-Vorfelder

Der Vorgänger dieses Herrn war Kartoffelhändler und freizeitlicher Kirchen-Organist aus Aachen. Mit etwas Glück kommt auch er noch mal in einem Kameraschwenk zum Vorschein: Egidius Braun. Das waren noch Zeiten – ein gläubiger, onkelhafter und sonst nicht weiter auffälliger Mann an der Spitze des Deutschen Fußball-Bundes. Sein Nachfolger als DFB-Präsident wurde im Jahr 2001 ein mit allen Wassern und sonstigen Flüssigkeiten gewaschener Multi-Funktionär und Provinzpolitiker namens Gerhard Mayer-Vorfelder. Er wird in den EM-Tagen oft im Bild sein, und Sie werden ihn bald erkennen. Er sieht – wir müssen es leider sagen, weil er es drauf anlegt, mit seinem ganzen Habitus und seiner sonnenbankgetürkten Spät-Juvenilität im Rentenalter –, er sieht ein wenig aus wie ein geliftеter Uhu.

Mayer-Vorfelder war Präsident des VfB Stuttgart und Finanzminister von Baden-Württemberg, dies gleichzeitig und in einer vergleichsweise finsteren Epoche des VfB. Man nennt ihn »MV«, und seine Versuche, den Lebemann mit weltweiten Kontakten und schwäbischer Verwurzelung darzustellen, sind legendär; sein Role-Model muss Franz-Josef Strauß gewesen sein, aber ohne das entsprechende Format. Mit »MV« ist ein Zug von politisch geschulter Strippenzieherei und Taktiererei in den deutschen Funktionärs-Fußball gekommen, was gegenüber den ausgesprochen biederen Typen, die zuvor am Ball waren, nicht unbedingt ein Fortschritt ist. Wenn also »MV« vor und nach EM-Spielen seinen seltsamen Singsang mit auf Fußball getrimmten Landtagspolitikerfloskeln anstimmt, müssen Sie durchaus mit Emotionen beim männlichen Publikum rechnen. »MV« hat der restlosen Kommerzialisierung des Sports den Weg geebnet und ist als Typ unter Fans durchaus umstritten. Der Vorteil ist, dass er meist nicht allzu lange redet, so gut kennt er den Fußballfreund. Und als Schwenkfutter während eines Spiels ist Mayer-Vorfelder durchaus ein Erlebnis.

... Holzschuh

Rainer Holzschuh ist der Chefredakteur des Fußball-Zentralorgans *Kicker* und insofern die Personifizierung all dessen, was vielen Männern an ihrem Fan-Sein doch etwas peinlich ist. Müsste es gar nicht: Der *Kicker* enthält montags und donnerstags Fakten und Erörterungen über Fußball bis in die provinziellen Niederungen. Endlose Tabellen, hochernste Spielberichte, Personalien, Kommentare, Kolumnen. Alles in dem Gestus, es mit einer sehr, sehr ernsten und wichtigen Sache zu tun zu haben. Die Schlagzeilen sind Kult, waren aber besser, als noch ein Namens-Witz pro Seite Pflicht war (Muster: »Kreuz legte St. Pauli aufs Kreuz« oder »Schock schockte Lüneburg«). Der *Kicker* ist also großartig und unverzichtbar; gäbe es ihn nicht, müsste er schleunigst erfunden werden. Wirklich peinlich ist dagegen Holzschuh: wegen seiner öligen Art, sich vor Kameras und in Talk-Runden in den Vordergrund zu drängen, körperlich und verbal. Holzschuh geriert sich gern als eleganter Manager-Typ, aber auch als personifiziertes Gewissen und Gesetz des Fußballs. Er will also zugleich smart und gravitätisch sein, eine offensichtlich fatale Mischung. Außerdem – vielmehr: gerade deshalb – hat er eine Vorliebe für eigentlich überflüssige und oft um eine Nuance falsch eingesetzte Fremdwörter; mit diesen bildet er gestelzte Wendungen, die er für irgendwie staatstragend hält. Das erinnert viele Männer an die Zeit ihrer späten Jugend, als sie lieber Intellektuelle als doofe Fußballer sein wollten. In der Regel bekennt man sich dann wieder zu seiner Leidenschaft, wenn man etwas älter ist. Das Geplapper von jemandem wie Holzschuh wirft einen jedoch unvermittelt wieder in jene Phase zurück, als man sich für das Milieu geschämt hat, in dem man sich doch so wohl fühlte. Sie möchten jetzt endlich einen Holzschuh-Satz lesen? Bitte: »Eine anhaltende Lethargie jedoch ohne den erkennbaren Willen, den Adler mit Stolz auf der Brust zu tragen, kann nur zu harscher Kritik bis hin zu beißendem Spott führen – je nach Mentalität und Darstellungsvermögen.«

Nachspielzeit

ABPFIFF!!!

Es gibt genau zwei Möglichkeiten. Eine lautet: Sie lernen dieses Buch auswendig! Frei nach dem Titel eines aktuellen Kinofilms – *Was nutzt die Liebe in Gedanken* – sollten Sie sich also in den nächsten Wochen richtig gekleidet (nicht orange! nein, nie orange!) auf die richtigen Sitzplätze in der richtigen Peergroup setzen und das Richtige im passenden Moment sagen. Und zwar laut. Kann ja nicht schaden, dass die Herren der Schöpfung auch auf jeden Fall mitbekommen, dass hier jemand seine Hausaufgaben gemacht hat. Sie haben gelernt, dass die deutsche Mannschaft nur mit unanständig viel Glück in der Lage sein wird, in einem großen Turnier wie einer Europameisterschaft ein paar Siege einzufahren. Sie wissen nun, dass Zinedine Zidane nicht der neue Name eines japanischen Mittelklasseautos ist, sondern der beste Fußballer der Welt, und dass er bei Frankreich mitspielt. Sie können sich hoffentlich daran erinnern, dass es völlig unnötig ist, bei einem Fußballevent groß aufzukochen und allzu viel Beachtung für ihren neuen, kurzen Rock einzufordern. Wenn Sie richtig gut sind, können Sie sogar die Viererkette erklären und wissen über Holzschuhe, eine Flasche namens Ramelow und die bulgarische

Nationalmannschaft total gut Bescheid. Aber erwarten Sie um Gottes willen nicht zu viel. Niemand Ihrer männlichen Freunde wird plötzlich anfangen, sich vor Ihnen auf den Boden zu werfen oder sein Testament zu ändern, nur weil Sie plötzlich mitreden können.

Sie werden nur an kleinen Zeichen merken, dass Sie in die Runde der Sachverständigen aufgenommen worden sind. Wenn Ihnen beispielsweise der Tippzettel für das aktuelle Spiel kommentarlos gereicht wird und Ihr Name schon drauf steht. Wenn der Gastgeber des EM-Studios Sie beim Abschied nicht in die Arme nimmt und betont, es sei schön gewesen, Sie auch mal dabei gehabt zu haben. Sondern Ihnen einfach nur knapp mitteilt: »Bis morgen dann! Kannst du Bier mitbringen?« Oder wenn sich Ihr Nachbar Sie anguckt, nachdem ein Mädchen (nicht Sie!) eine blöde Bemerkung gemacht hat, und sagt: »Kannste nicht mal mit ihr reden, dass sie einfach mal die Klappe hält oder beim nächsten Mal wieder *Sex and the City* schaut, statt uns hier auf die Nerven zu gehen?« Das sind die kleinen Siege, die Sie auf dem Schlachtfeld der Kennerschaft erringen können. Wenn Ihnen das der ganze Aufwand wert ist, meine Damen – dann nichts wie los. Lernen Sie dieses Buch auswendig, klappen Sie es am Ende dieser Zeilen zu und vorn wieder auf. Go for it!

Es gibt aber auch noch eine andere Möglichkeit. Ignorieren Sie alles, was Sie in den letzten Stunden gelesen haben. Ziehen Sie sich an, wie Sie wollen (gern orange, orange ist immer schön und dieses Jahr total hip!). Vergessen Sie, dass *Tiffany* nicht mit Vidererketten handelt und wer zum Teufel Frank Baumann sein soll. Und lassen Sie sich einfach nur von dieser brummenden Hysterie anstecken, die in diesem Land ausbrechen wird, garantiert. Fragen Sie sich nicht, was das alles soll, versuchen Sie nicht, hinter die Fassaden eines albernen Geheimbundes zu schauen. Gehen Sie da einfach auch hin, reden Sie mit und haben Sie Spaß! Denn, mal ehrlich. Nach vier Wochen ist doch sowieso alles vorbei ... Und dann ist den Jungs wieder langweilig. Und raten Sie mal, meine Damen, wer dann ganz kleinlaut wieder aus seiner Ecke kriecht und mit Ihnen spielen will. Genau!

Bildnachweis

Zu: Die Mannschaften

Luis Figo: Witters Sport-Presse-Foto
Raúl Gonzáles Blanco: Sportimage / Richiardi / Penny
Angelo Charisteas: Sportimage / Chrisohoidis
Aleksandr Kerzhakov: Cinetext / Allstar
Michael Owen: Sportimage / Action Images / Andrew Budd
Hakan Yakin: Witters Sport-Presse-Foto
Thierry Henry: Witters Sport-Presse-Foto
Dado Prso: Imago / PanoramiC
Jon Dahl Tomasson: Witters Sport-Presse-Foto
Allessandro Nesta: Sportimage / Richiardi
Fredrik Ljunberg: Witters Sport-Presse-Foto
Dimitri Berbatov: Bongarts /Christof Koepsel
Maris Verpakovskis: Bongarts / Vladimir Rys
Karel Poborsky: Bongarts / Martin Rose
Clarence Seedorf: Witters Sport-Presse-Foto

Zu: Die deutschen Spieler

Oliver Kahn: Witters Sport-Presse-Foto
Christian Wörns: Witters Sport-Presse-Foto
Christoph Metzelder: Bongarts / Christof Koepsel
Arne Friedrich: Bongarts / Christof Koepsel

Jens Nowotny: Bongarts / Christof Koepsel
Carsten Ramelow: Bongarts / Andreas Rentz
Bernd Schneider: Witters Sport-Presse-Foto
Michael Ballack: Witters Sport-Presse-Foto
Kevin Kuranyi: Witters Sport-Presse-Foto
Didi Hamann: Witters Sport-Presse-Foto
Tobias Rau: Bongarts / Andreas Rentz
Fredi Bobic: Bongarts / Christof Koepsel
Benjamin Lauth: Bongarts / Martin Rose
Jens Jeremis: imago / WEREK
Paul Freier: imago / Team 2
Jens Lehmann: Bongarts / Andreas Rentz
Frank Rost: Bongarts / Christof Koepsel
Miroslav Klose: Bongarts / Andreas Rentz
Andreas Hinkel: Bongarts / Andreas Rentz
Frank Baumann: Bongarts / Andreas Rentz
Torsten Frings: Witters Sport-Presse-Foto

Zu: Die 10 besten Fußballerfrisuren

Uli Stein: Witters Sport-Presse-Foto
Reinhold Tattermus: Bongarts
Ralf Falkenmayer: Witters Sport-Presse-Foto
Gernot Alms: Bongarts
Günter Schäfer: Witters Sport-Presse-Foto
Michael Sternkopf: Witters Sport-Presse-Foto
Steffen Freund: Witters Sport-Presse-Foto
Mike Werner: Bongarts / Frank Peters
Stefan Effenberg: Witters Sport-Presse-Foto
Norbert Dronia: Bongarts
Rainer Bonhof: Witters Sport-Presse-Foto
Helmut Manns: Schalke 04
Carlos Valderrama: Witters Sport-Presse-Foto

Das 21. Jahrhundert hat begonnen – das letzte Rätsel des Universums ist gelöst: DAS wollen Frauen wirklich!

Warum telefonieren Frauen ständig? Warum finden sie Kätzchen in Bastkörben süß? Warum mögen sie nie seinen besten Kumpel? Hier ist der ultimative Frauenguide für Paul und alle anderen Männer: Wie geht Mann mit den verschiedenen Formen des Weinens um? Wie erscheint Mann als edler Ritter und behält trotzdem einen letzten Rest von Würde? Warum sollte Mann ihr NIE Schokolade oder einen Ring schenken?

ISBN 3-404-60529-2

BASTEI LÜBBE

For Girls only oder:
»Paul? Wer ist eigentlich Paul?«

Laurie ist mollig, hat einen gepflegten Raucherhusten und ein ziemlich angeschlagenes Selbstbewusstsein. Ihr Leben ist nicht gerade ein rauschenden Fest ... aber eine schier unerschöpfliche Quelle großartiger Geschichten. Und hier sind sie: die Betrachtungen einer richtigen Zicke – mit ihren Freundinnen vereint im »Club der verrückten Hühner«. Dort besprechen sie in Ruhe die Highlights ihres Lebens: unerträgliche Dispute mit Müttern, das sinnlose Unterfangen, Männer ändern zu wollen, unvergessliche Arztbesuche und nicht zuletzt ihre Spezialität »Schneller glücklich werden mit mehr Alkohol« ...

ISBN 3-404-14947-5